Widdau | Einführung in die Umweltethik

Christoph Sebastian Widdau
Einführung in die Umweltethik

Reclam

RECLAMS UNIVERSAL-BIBLIOTHEK Nr. 19662
2021 Philipp Reclam jun. Verlag GmbH,
Siemensstraße 32, 71254 Ditzingen
Gestaltung: Cornelia Feyll, Friedrich Forssman
Druck und Bindung: Eberl & Koesel GmbH & Co. KG,
Am Buchweg 1, 87452 Altusried-Krugzell
Printed in Germany 2021

ISBN 978-3-15-019662-5

Auch als E-Book erhältlich

www.reclam.de

Inhalt

Einleitung

Die Frage nach dem angemessenen Umgang des Menschen mit seiner Umwelt und der Natur insgesamt steht seit einiger Zeit im Zentrum des öffentlichen Interesses. Sie wird inzwischen nicht nur von Spezialisten in Naturschutzverbänden und Umweltbehörden oder von Philosophinnen und Romanschriftstellern, sondern von sehr vielen Menschen gestellt. Schwere Umweltkatastrophen, mess- und spürbare Effekte der Umweltverschmutzung und eine wissenschaftlich belegte globale Umweltkrise zeigen die Dringlichkeit des Problems auf. Diese Krise wird mehrheitlich, wie es der Philosoph Lothar Schäfer (1934–2020) formuliert, nicht »als ein Ereignis der Naturgeschichte, sondern als ein Effekt der modernen Zivilisation«[1] angesehen. Wir haben ein zum Teil menschengemachtes Umweltproblem, ein Problem, das politische Entscheidungen, technische Entwicklungen, ökonomische Prozesse und Lebensweisen infrage stellt. Es verunsichert. Seien wir aber optimistisch: Es ist ein Problem. Und wir tun gut daran, ein Problem erst einmal für etwas zu halten, das wir lösen können.

Das Umweltproblem ist nicht schicksalhaft über die Menschheit hereingebrochen. Es muss nicht tatenlos hingenommen werden. Wir wissen, dass wir die Umwelt beeinflussen können. Diese Einsicht führte unter anderem zur Entstehung der Umweltethik. Die Umweltkrise rief somit auch die Philosophie auf den Plan. Die Frage nach dem angemessenen Umgang des Menschen mit seiner Umwelt und der Natur ist nämlich eine philosophische Frage.

1 Schäfer 1999, S. 23.

Diese Feststellung könnte den einen oder die andere überraschen: Handelt es sich nicht um eine naturwissenschaftliche Frage? Warum sollte es sich um eine philosophische handeln? Weil es eine Frage ist, die nicht ausschließlich mit naturwissenschaftlichem Fachwissen beantwortet werden kann. Die Antwort auf die Frage nach dem angemessenen Umgang mit etwas erfordert die Berücksichtigung und Begründung von Normen, Zwecksetzungen und moralischen Werten. Wir versuchen, Antworten auf die Fragen zu finden, wie man mit Blick auf die Natur handeln *soll* und warum man so handeln soll. Jedes Mal, wenn man solche Fragen stellt, begibt man sich, ob beabsichtigt oder nicht, ob gewünscht oder nicht, auf philosophisches Terrain.

Ein Beispiel: Eine Ökologin kann aufgrund ihrer Fachkenntnis einschätzen, dass eine bestimmte Entscheidung E_1 das Aussterben der Spezies S zur Folge haben wird und dass mit der entgegengesetzten Entscheidung E_2 das Aussterben verhindert werden kann. Sind wir der Meinung, dass die Spezies S aussterben soll, dann sollten wir E_1 wählen. Denken wir, dass sie erhalten werden soll, dann sollten wir E_2 wählen. Die Frage, ob wir die Entscheidung E_1 oder E_2 treffen *sollen*, kann uns die Ökologin in ihrer Funktion als Naturwissenschaftlerin aber nicht beantworten. Sie muss hierfür die Ethik heranziehen.

Ohne Berücksichtigung normativer Annahmen und Urteilskriterien, die dem philosophischen Denken entspringen, kann keine reflektierte Antwort auf die Frage gegeben werden. Das Aussterben einer Spezies ist ein Prozess. Die Existenz oder Nichtexistenz von Angehörigen einer Spezies ist eine empirisch überprüfbare Tatsache. Ob wir uns so entscheiden sollen, dass wir zum Aussterben der Spezies beitragen, ist nicht die Frage nach einem Prozess und nicht die nach einer empirisch überprüfbaren Tatsache. Hierbei handelt es sich um eine praktisch-philosophische Frage. Sie lautet: Was sollen wir tun?

Versucht uns jemand dazu zu bringen, dieses und nicht jenes zu tun, dann fragen wir ihn, weswegen wir dies tun, seine Ansicht teilen und entsprechend handeln sollen. Wir fragen nach Gründen, die uns überzeugen könnten, eine bestimmte Entscheidung zu fällen und ihr entsprechend zu handeln. Für uns könnte es etwa erstrebenswert sein, eine möglichst große Artenvielfalt zu bewahren.

Doch warum sollten wir dies für erstrebenswert halten? Der Wert der Artenvielfalt lässt sich nicht in der Natur finden, nicht mit dem Mikroskop, nicht mit dem Fernglas. Er lässt sich auch nicht mit ökologischen Modellen ermitteln. Aus der Tatsache, dass es in der Natur Artenvielfalt gibt, ergibt sich nicht ohne zusätzliche Wertzuschreibung der Wert von Artenvielfalt. Man kann behaupten, dass Artenvielfalt allein für sich genommen wertlos ist. Oder man kann behaupten, dass genau die Artenvielfalt wertvoll ist, die benötigt wird, damit ein bestimmtes Ökosystem funktioniert. Oder man kann behaupten, dass jede Art *an sich* wertvoll ist und deswegen geschützt werden soll. Welcher Behauptung sollen wir zustimmen?

Dies gilt es, umweltethisch zu prüfen. Und das Ergebnis der Prüfung hat praktische Konsequenzen. Je nachdem, welcher dieser Behauptungen zum Wert der Artenvielfalt man zustimmt, wird die Praxis, also der konkrete Umgang mit der Artenvielfalt, eine bestimmte sein. Ist man der Meinung, dass die Artenvielfalt wertlos ist, ist der Artenschutz obsolet. Kommt man zu dem Schluss, dass nur bestimmte Arten erhalten werden sollen, wird man sich für deren Erhalt einsetzen, während man andere aussterben lässt oder gar vernichtet. Argumentiert man dafür, dass jede Art *an sich* wertvoll ist, muss man einen umfänglichen Artenschutz anstreben. Die Umweltethik ist also praktisch relevant.

Das vorliegende Buch ist eine *Einführung* in die Umweltethik. Mit ihr verfolge ich dieses Hauptziel: Sie soll denen, die an der Frage nach dem angemessenen Umgang des Menschen mit seiner Umwelt und der Natur interessiert sind, sich aber noch nicht mit ihr auseinandergesetzt haben, eine erste Orientierung geben. Sie soll leicht verständlich sein. Sie soll zum Nachdenken anregen. Und hoffentlich hilft sie dabei, sich im Anschluss intensiver mit der Umweltethik beschäftigen zu können.

In den beiden ersten Kapiteln werde ich zeigen, was die Umweltethik ist und welchen Gegenstand sie hat. Worüber genau spricht jemand, der über die Umweltethik spricht? Um die Bedeutung des Kompositums ›Umweltethik‹ zu erfassen, müssen sowohl der Begriff ›Umwelt‹ als auch der Begriff ›Ethik‹ einzeln analysiert und definiert werden. Das Ziel der beiden ersten Kapitel ist es, die für uns wichtigen Grundbegriffe zu klären und den Gegenstandsbereich zu bestimmen. Denn täten wir dies nicht, würden wir uns schnell im Ungefähren verlieren. Wir sollten aber nicht unbestimmt und vage über die Umweltethik und ihren Gegenstand sprechen, sondern genau verstehen, worum es geht.

Das dritte Kapitel führt in die Geschichte der Umweltethik ein, identifiziert ihren Ursprung, weist auf Meilensteine dieser speziellen Ethik hin und leitet dann zu einer Darstellung ihrer beiden Grundströmungen, nämlich des Anthropozentrismus und des Physiozentrismus, über, auf die im vierten Kapitel ausführlich eingegangen wird. Dabei wird schnell deutlich, dass in der Umweltethik kontrovers diskutiert wird, und zwar nicht nur über Details, sondern auch über Grundsätzliches. Es ist nicht so, dass sich Umweltethiker einig sind, wie die Frage nach dem angemessenen Umgang des Menschen mit seiner Umwelt und der Natur zu beantworten ist. Es bestehen grundsätzliche Differenzen und es gibt unterschiedliche Ansichten, und zwar je nachdem, welchen Ausgangspunkt man wählt, um über das Umweltproblem nachzudenken. Einige Umweltethikerinnen denken, dass die Umweltethik allein den Menschen, seine Ansprüche, Bedürfnisse und Interessen im Blick haben sollte. Nur der Mensch sei moralisch relevant. Andere Umweltethikerinnen gehen davon aus, dass nicht nur der Mensch, sondern auch andere Tiere[2], vielleicht sogar Ökosysteme oder die gesamte Natur moralisch relevant sind. Warum gibt es diese unterschiedlichen Ausgangspunkte? Und was bedeutet es für die Praxis, die eine oder die andere Antwort auf die Frage nach dem angemessenen Umgang zu geben?

Im fünften Kapitel werde ich darauf eingehen, ob einzelne Individuen oder Kollektivsubjekte wie politische Gemeinschaften in die umweltethische Pflicht zu nehmen sind und ob einzelne Individuen oder Gemeinschaften gut

2 Immer dann, wenn im Folgenden der Begriff ›Tier‹ ohne Zusatz oder Erläuterung verwendet wird, ist das ›nichtmenschliche Tier‹ gemeint. Dieser Hinweis ist wichtig, weil auch der Mensch ein Tier, nämlich ein Säugetier, ist.

daran tun, zu reflektieren und Verhaltensweisen, die einen Umwelteinfluss haben, beizubehalten oder zu ändern. Soll die Einzelne, wenn sie der Meinung ist, dass dies *an sich* richtig ist, auf Inlandsflüge verzichten, auch wenn das allein wenig zur Eindämmung des Klimawandels beiträgt? Soll der Einzelne, der die Umwelt schonen möchte, nicht mehr mit dem eigenen Auto zur Arbeit fahren, auch wenn ihm dies gesetzlich nicht verboten ist? Soll der einzelne Mensch aufhören, gekochtes, gebratenes oder gegrilltes Fleisch zu verzehren, das aus der Massentierhaltung stammt? Oder ist es eine gemeinschaftliche Aufgabe, Inlandsflüge, die Nutzung privater Autos und die Massentierhaltung zu verbieten? Ist es, solange es kein gesetzliches Verbot gibt, kein moralischer Fehler der Einzelnen, wenn sie Inlandsflüge buchen, das eigene Auto steuern und das Fleisch verzehren? Kurz: Wer oder was ist der Adressat umweltethischer Forderungen?

Mit dieser Einführung werden also mehrere Ziele verfolgt:

Die Leserinnen und Leser des Buches werden nach seiner Lektüre *erstens* wissen, was die Umweltethik ist und wovon sie zu unterscheiden ist.

Sie werden *zweitens* besser verstehen, was der Begriff ›Umwelt‹ bedeutet und von welchen anderen Begriffen er abgegrenzt werden sollte.

Sie werden *drittens* näher kennenlernen, welche Geschichte die Umweltethik hat und warum es sie gibt.

Sie werden *viertens* erfahren, welche Grundströmungen und unterschiedlichen Positionen in der Umweltethik vertreten und warum sie vertreten werden.

Und sie werden *fünftens* hoffentlich dazu angeregt worden sein, über ihre eigene, individuelle Rolle und diejenige von politischen Gemeinschaften in der Umweltkrise nachzudenken. Um sich über die Bedeutung von Begriffen, die in der Umweltethik wichtig sind, einen schnellen Überblick verschaffen zu können, enthält der Anhang ein Glossar.

1 Was die Umweltethik ist

Was ist die Umweltethik, die in der deutschsprachigen Fachliteratur auch als ›Naturethik‹, ›Ökologie-Ethik‹, ›Ökoethik‹ oder ›Ökologische Ethik‹ bezeichnet wird? Welchen Begriff sollten wir uns von ihr machen? Mein Definitionsversuch, den ich erläutern werde, ist dieser: Die Umweltethik ist eine Bereichsethik, in der man *erstens* herausfinden möchte, wie Menschen angesichts moralischer Ansprüche von Menschen mit ihrer Umwelt und der Natur insgesamt umgehen sollen; in der man *zweitens* untersucht, ob anderes in der Natur *neben* dem Menschen als moralisches Objekt anzuerkennen ist, also als etwas, das moralisch geachtet werden soll; und in der man *drittens* diskutiert, wie sich moralische Subjekte, die moralisch entscheiden und handeln können, nichtmenschlichen moralischen Objekten gegenüber verhalten sollen.

Diese Definition ist lang und scheint kompliziert zu sein. Schauen wir uns daher ihre Elemente genauer an. Das in der Definition unter *erstens* Genannte ist noch eingängig und kann leicht in Beispiele übersetzt werden: Dürfen Menschen in einer bestimmten Region der Welt, wie etwa in Nordeuropa, Weltmeere mit ihrem Müll verschmutzen, wenn sie wissen, dass die Verschmutzung Menschen in anderen Regionen, wie etwa in Südostasien, negativ, vielleicht sogar existenzbedrohend betreffen wird? Sind wir Menschen es uns einander schuldig, die gesamte Natur zu bewahren? Sind wir, mit Blick auf uns selbst und andere Menschen, für die Natur verantwortlich und moralisch verpflichtet, sie zu schützen? Und sind wir das auch gegenüber jenen Menschen, die erst in Jahrhunderten leben werden?

Sind wir zu ihrem Schutz verpflichtet, weil sich Menschen an der Natur erfreuen und sie intakt sein muss, damit Menschen ein *gutes* Leben haben können? Ihre Umwelt ist für Menschen wichtig, ja lebenswichtig. Weil dies so ist: Wie dürfen und sollen Menschen dann, wenn sie an sich selbst und andere Menschen denken, mit ihr umgehen?

Das in der Definition unter *zweitens* und *drittens* Genannte ist nicht so eingängig. Laut unserer Definition wird in der Umweltethik (s. *zweitens*) untersucht, was in der Natur *abseits* des Menschen moralisch zu achten, also moralisches Objekt ist. Zudem wird in ihr (s. *drittens*) diskutiert, welche normativen Schlussfolgerungen aus dem Ergebnis der zuvor genannten Untersuchung zu ziehen sind. Um dies mit Beispielen zu veranschaulichen: Es wird untersucht, ob ein Bach oder Weiher, ein Zebrafink oder Smaragdsittich, ein Stiefmütterchen oder eine Orchidee moralisch geachtet werden sollen. Wenn sie zu achten wären, dann dürften Menschen nicht achtlos oder nur eigene Bedürfnisse berücksichtigend mit ihnen umgehen. Anschließend wird diskutiert, was genau es für die moralische Praxis bedeuten würde, wenn etwa ein Weiher als moralisches Objekt anzuerkennen wäre. Wie dürften oder sollten wir uns dann ihm gegenüber verhalten?

Bevor wir uns dem Gegenstand der Umweltethik zuwenden, sollten wir uns vergewissern, ob wir jedes Element des Definitionsversuchs verstanden haben. Denn wenn wir nicht jedes Element verstehen, dann verstehen wir auch die Definition und den Gegenstand dieses Buches nicht. Was müssen wir noch aufklären?

Die Umweltethik ist eine besondere Ethik. Doch was bedeutet seinerseits der Begriff ›Ethik‹? Zudem soll geklärt werden, was es mit dem für die Ethik wichtigen Begriff des ›moralischen Subjekts‹ und dem des ›moralischen Objekts‹ auf sich hat. Schließlich muss geklärt werden, was unter dem Begriff ›Bereichsethik‹ zu verstehen ist, weil die Umweltethik als eine solche bezeichnet wird. Die Umweltethik ist eine Bereichsethik, weil sie einen bestimmten Bereich im Blick hat, nämlich den der Umwelt. Anschließend werden wir uns dann ausführlich mit dem Begriff ›Umwelt‹ und dem Gegenstand dieser besonderen Ethik auseinandersetzen.

Was ist Ethik?

Die Ethik ist ein Teilgebiet der Praktischen Philosophie. In ihr stellt man sich die Frage nach dem angemessenen Handeln von Individuen und Kollektiven. Ethiker fragen, welche Handlungen moralisch richtig und falsch sind und warum sie dies sind. Es geht in der Ethik also um die Moral. Wenn es so ist, dass es in der Ethik um die Moral geht, dann können Ethik und Moral nicht dasselbe sein. Darum sollten die Begriffe ›Ethik‹ und ›Moral‹ voneinander unterschieden werden, auch wenn sie im Alltag oft so verwendet werden, als wären sie austauschbar. Wie sind die beiden Begriffe voneinander zu unterscheiden?

Man sollte den Gegenstand, nämlich die Moral, von der Philosophie oder Wissenschaft über diesen Gegenstand, nämlich der Ethik, unterscheiden. Eine an einer Universität lehrende Ethikerin unterrichtet nicht in dem Fach ›Moral‹. Einen universitären Studiengang mit dem Namen ›Moral‹ gibt es nicht. Die Ethikerin unterrichtet in dem Fach ›Ethik‹.

In ihm werden Probleme der Moral thematisiert und diskutiert. Ethikerinnen und Ethiker versuchen, diese Probleme so genau wie möglich zu verstehen, zu analysieren und allgemeingültige oder wenigstens plausible Lösungen für sie zu finden. Unter ›Moral‹ ist die Gesamtheit der Normen und Werte, Konventionen und Verhaltensprinzipien, die moralische Subjekte haben, zu verstehen. Jeder Mensch hat im Laufe seines Lebens mit der Moral zu tun. Es geht gar nicht anders. Schon als Säugling, also in dem Lebensstadium, in dem man selbst noch gar nicht über Moral nachdenken und bewusst handeln kann, wird man mit den Normen und Werten der eigenen Eltern konfrontiert, auch wenn man dies noch nicht wahrnimmt und versteht. Aber nicht jeder Mensch hat im Laufe seines Lebens mit der Ethik zu tun.

Beispielsweise kann Peter den Grundsatz haben, andere Menschen unter keinen Umständen zu belügen. Dieser Grundsatz ist Teil seiner Moral. Er kann ihn vertreten, ohne zuvor analysiert zu haben, ob es vernünftig ist, diesen Grundsatz zu vertreten. Er kann ihn vertreten, ohne geprüft zu haben, ob es gute Gründe dafür gibt, ihn zu vertreten. Er kann ihn vertreten, ohne seine Bedingungen und Probleme bis ins Letzte ausgeleuchtet zu haben. Die genaue Analyse und die ausführliche, systematische Diskussion des Grundsatzes in diesem Fall, nämlich, andere nie zu belügen, sind Aufgaben der Ethik. Die Ethikerin Helga fragt: Ist der Grundsatz gerechtfertigt? Wie kann er gerechtfertigt werden? Auf welchen Annahmen basiert er? Welche Gründe sprechen für ihn? Welche Gründe sprechen gegen ihn?

Ein anderes Beispiel: Eine Gemeinschaft von Menschen – nennen wir sie ›die Schöpfungsgläubigen‹ – kann eine bestimmte Umweltmoral haben und diese untereinander teilen. Vielleicht denken alle Mitglieder dieser Gemeinschaft, dass es unangemessen ist, ein Tier, das als Schädling erachtet wird, auszurotten, koste es, was es wolle. Deshalb einigen sie sich darauf, einen Schädling niemals auszurotten. Darauf einigen sie sich, weil sie davon überzeugt sind, dass jedes Lebewesen Gottes Schöpfung ist, und Menschen nicht das Recht haben, in die Schöpfung einzugreifen. Nur Gott dürfe nehmen, was er gegeben hat. Ob dies eine vernünftige, wohlfundierte Begründung ihrer Umweltmoral ist und was für und was gegen diese Moral spricht, sind Aspekte, die Ethikerinnen sachlich und kritisch in Augenschein nehmen.

Moralische Objekte und moralische Subjekte

Nachdem wir umrissen haben, womit sich die Ethik beschäftigt, kommen wir nun zu ihrem ›Protagonisten‹, dem moralischen Subjekt, und dem moralischen Objekt. Beginnen wir mit Letzterem: Ein moralisches Objekt ist jemand oder etwas, der oder das *um seiner selbst willen* zu respektieren ist und moralisch geachtet werden soll. Es ist jemand oder etwas, dem nicht unachtsam begegnet werden darf. Man darf ein solches Objekt nicht bloß nach eigenem Belieben instrumentalisieren, um eigene Ziele zu erreichen, sondern soll es selbst als moralisch relevant behandeln.

Nicht jedes Objekt ist ein moralisches. Es gibt *Sachen*, beispielsweise Kaffeetassen, Bleistifte oder Steine, die normalerweise aufgrund ihrer Eigenschaften nicht als etwas gelten, das moralisch zu achten ist.

Warum ist das so? Eine geläufige Antwort lautet: Sie

sind aus dem Grund nicht moralisch zu achten, weil sie nun mal Sachen sind, denen es nichts ausmacht, wie mit ihnen umgegangen wird. Sachen erleiden unter keinen Umständen ein Übel, das sie selbst bemerken könnten. Einer Kaffeetasse tut es nicht weh, wenn sie zerbrochen wird. Ein Bleistift hat keinen Lebenstraum, den man zerstören könnte. Ein Stein spürt nichts, wenn man ihn streichelt.

Stellen wir uns die folgende Situation vor: Ich sitze am Schreibtisch und versuche, ein Gedicht zu verfassen. Altmodisch benutze ich hierfür keine Computertastatur und keinen Kugelschreiber, sondern einen Federkiel, also einen Teil einer Vogelfeder. Poetisch begabt bin ich nicht. So kommt es, wie es kommen muss: Der Versuch scheitert. In meiner Enttäuschung pflücke ich den Federkiel, mit dem ich die Verse niedergeschrieben habe, auseinander. Der Federkiel ist das Objekt meiner Handlung. Nun stellt sich die Frage, ob es moralisch relevant ist, dass ich ihn auseinanderpflücke. Und wenn es moralisch relevant wäre: Warum sollte das so sein? Man wird mir nicht zum Vorwurf machen, dass ich es versäume, dem Federkiel selbst moralische Aufmerksamkeit zu schenken. Er ist eine Sache. Er kann kein Übel erleiden. Es macht ihm nichts aus, dass ich ihn auseinanderpflücke.

Vielleicht macht man mir aber den Vorwurf, unbeherrscht zu reagieren, obwohl man sich stets im Griff haben sollte. Auch dann, wenn sonst niemand im Raum ist. Selbstbeherrschung sei unter allen Umständen eine zu achtende Tugend. »Du handelst nicht tugendhaft!«, könnte eine Tugendethikerin sagen.

Vielleicht macht man mir den Vorwurf, dass ein anderer Mensch den Federkiel noch brauchen könnte und ich ihn verschenken statt auseinanderpflücken sollte. Ich würde mich der Verschwendung von wertvollen Ressourcen schuldig machen. »Ohne Not verschwendest du etwas, das jemand anderem von Nutzen wäre!«, könnte ein anderer Ethiker sagen.

Doch wird wohl niemand auf den Gedanken kommen, mir den Vorwurf zu machen, dass ich dem Federkiel ein Übel, das er bemerkt oder verspürt, zufüge, indem ich ihn auseinanderpflücke. »Tu dem Federkiel nicht weh!« oder »Schädige den Federkiel nicht!«, wird niemand sagen, der weiß, was ein Federkiel ist.

Variieren wir die Situation: Ich sitze wieder am Schreibtisch und versuche, ein Gedicht zu verfassen. Ich kann es nicht lassen. Und erneut scheitere ich. In meiner Enttäuschung reagiere ich unwirsch auf die Begrüßung von Julchen, die in dem Moment, in dem ich mein Scheitern einsehe, den Raum betritt. Ich werde sogar laut, erhebe die Stimme und empöre mich über das, was ich als »unverschämte Störung« bezeichne. Kurz und salopp gesagt: Ich lasse Dampf ab. Ich reagiere mich ab. Und ich kümmere mich in diesem Augenblick nicht darum, was dies mit Julchen *macht*. Dabei ist sie verletzlich. Und wir hatten zuvor besprochen, dass sie jederzeit den Raum betreten kann und ich ansprechbar bin. Sie hat vereinbarungsgemäß gehandelt, ich nicht. Meine Reaktion ist unangemessen. Man wird mir einen Vorwurf machen dürfen, nämlich den, dass ich Julchen, die in diesem Fall das Objekt meiner Handlung ist, moralisch falsch behandle. Ihr so zu begegnen, wie ich es tue, bedeutet, ihr ein Übel zuzufügen. Ein Übel, das sie bemerkt und verspürt. Weil ich ihr dieses beibringen *kann*, liegt es nahe, sie als ein moralisches Objekt anzusehen.

Kommen wir zum moralischen Subjekt: Ein solches Subjekt ist nie etwas, sondern immer jemand. Es ist jemand, der andere und anderes respektieren und achten kann. Ab einem gewissen Lebensalter und im Regelfall seiner körperlichen und sozialen Entwicklung ist ein Mensch sowohl moralisches Subjekt als auch moralisches Objekt. Menschen sollen einander angesichts ihrer Vernunft, Moralfähigkeit, Empfindungsfähigkeit oder Bewusstseinsfähigkeit nicht so behandeln, als wären sie Sachen. Das ist die *Objektseite*. Außerdem können sich Menschen bewusst sein, dass sie andere Menschen nicht wie Sachen behandeln sollen, dafür Prinzipien und Regeln aufstellen und ihnen entsprechend handeln. Das ist die *Subjektseite*.

Andere uns bekannte Wesen können dies nicht. Ein Klippschliefer und eine Schleiereule sind Lebewesen, die sich nicht bewusst sein können, wie sie mit anderen umgehen dürfen oder sollen. Dies gilt auch für ein Löwenmäulchen oder eine Dünenstinkmorchel. Klippschliefer, Schleiereule, Löwenmäulchen und Dünenstinkmorchel sind, unabhängig davon, wie entwickelt und wie alt sie sind, keine moralischen Subjekte. Sie können keine sein. Vielleicht sind diese Tiere und Pflanzen moralische Objekte, denen sich moralische Subjekte nicht so nähern sollten, als wären sie Sachen. Ob sie solche besonderen Objekte sind, wird in der Umweltethik und ihren Arbeitsgebieten wie der Tierethik[1] und Pflanzenethik[2] kontrovers diskutiert.

Der Philosoph Hans Jonas (1903–1993) formuliert den

1 Siehe bspw. Wolf 2018.

2 Siehe bspw. Kallhoff 2002.

Gedanken, dass nur der Mensch moralisches Subjekt ist, zuspitzend so: »Der Mensch ist das einzige uns bekannte Wesen, das Verantwortung haben kann.«[3] Der Mensch ist das Wesen, das retrospektiv, also in der Rückschau, und prospektiv, also in der Vorschau, für seine Handlungen verantwortlich sein und für seine Handlungen verantwortlich gemacht werden kann. Nur er kann für etwas ›in die Pflicht‹ genommen werden. Nur er kann und muss sich für sein Verhalten rechtfertigen. Nur er kann moralische und andere Gründe für sein Handeln angeben. Auch wenn einige Tiere ein erstaunlich vielseitiges Sozialverhalten aufweisen, können sie nicht über dessen Normen und Regeln nachdenken. Auch Pflanzen, Gewässer und Gestein können über diese nicht nachdenken. Sie kennen den Unterschied zwischen *Dürfen* und *Sollen* nicht. Sie können sich nicht an moralischen Prinzipien oder Vorschriften orientieren. Sie kennen nicht den Unterschied zwischen Legitimität, also der moralischen Angemessenheit einer Handlung, und Legalität, also der rechtlichen Angemessenheit einer Handlung. Vernünftigerweise kann man einem Exemplar der Gebrüder-Grimm-Rose nicht zum Vorwurf machen, dass es in diesem Jahr kürzer als erwartet geblüht hat. Es wäre nichts als seltsam, ihm dies zum Vorwurf zu machen. Vernünftigerweise können Karin und Dieter einem Maulwurf nicht zum Vorwurf machen, dass er in ihrem Garten einen Hügel graben wird. Die Rose und der Maulwurf können im moralisch relevanten Sinne nichts dafür, wie sie sich entwickelt haben. Sie können nichts dafür, was sie getan haben und tun werden. Sie haben kein Bewusstsein, weder

3 Jonas 2016, S. 165.

von Alternativen noch von Gründen dafür, Alternativen in Betracht zu ziehen.

Um dies nochmals zu unterstreichen: Es gibt keinen guten Grund für die Annahme, dass eine Weinbergschnecke über ihr Verhalten nachdenken kann. Sie verhält sich einfach. Eine Heide kann nichts normieren. Sie entwickelt sich einfach. Einen Feldhamster der Lüge zu bezichtigen, wäre absurd. Er verfügt nicht über die Eigenschaften, die man braucht, um lügen zu können. Denn er kann keine Aussagen tätigen, und eine Lüge ist eine Aussage. Auch wenn viele Tiere Erstaunliches leisten und anscheinend intelligent sind, sind Anthropomorphisierungen, also vermenschlichende Darstellungen dieser Tiere, wie man sie aus Kindergedichten, Fabeln, Zeichentrickfilmen oder Computerspielen kennt, in ethischen Untersuchungen fehl am Platz.

Aber Achtung: Auch nicht jeder Mensch ist ein moralisches Subjekt. Allerdings *kann* ein Mensch eines sein. Nicht jedes Exemplar des Menschen ist aber allein deshalb ein moralisches Subjekt, weil es ein Mensch laut biologischer Klassifikation ist, also weil es zu einer bestimmten Spezies gehört. Dies lässt sich problemlos zeigen: Zum Beispiel mangelt es einem Kleinkind, das definitiv zur Spezies Mensch gehört, an bestimmten Fähigkeiten und Eigenschaften, die ein moralisches Subjekt ausmachen. Wir erwarten von einem Kleinkind nicht, dass es sein Verhalten prüft, kritisiert und normiert, weil wir davon ausgehen, dass es dazu *noch nicht* in der Lage ist. Von einem Katzenbär erwarten wir nicht, dass er dazu *jemals* in der Lage sein wird. Von einem durch Sozialisationsprozesse und körperliche Entwicklungen gereiften jungen Erwachsenen erwarten wir hingegen in der Regel, dass er sich moralisch orientieren kann und wird, er sich also vom Kleinkindalter an weiterentwickelt hat. Das bedeutet nicht, dass wir uns sicher sein können, *wie* er sich moralisch orientieren wird. Nur, *dass* er sich moralisch orientieren wird, dürfen wir voraussetzen. Der Mensch ist das einzige uns bekannte Wesen, das im Laufe seines Lebens zu einem moralischen Subjekt werden kann und normalerweise wird.

Es geht in der Umweltethik nicht um die Fragen, warum Wesen überhaupt und welche Wesen als moralische Subjekte anzusehen sind. Der Kreis der moralischen Subjekte gilt als geschlossen und auf den Menschen beschränkt. In der Umweltethik geht es hingegen um die Fragen, welche Wesen abseits des Menschen und welche anderen Teile der Natur moralisch achtenswert sind. Es geht um die Frage, ob der Kreis der moralischen Objekte über den Menschen hinaus erweitert werden soll. Umweltethiker fragen also: Warum genau ist etwas als ein moralisches Objekt anzusehen? Was muss ein Objekt haben, welche Eigenschaften, um gültig als ein moralisches Objekt angesehen werden zu dürfen? Sind Tiere moralische Objekte? Gilt dies auch für Pilze? Ist der Planet Erde eines? Wenn auch nur eine der drei letzten Fragen mit einem Ja zu beantworten wäre, dann hätte dies Konsequenzen für die Bestimmung des angemessenen Umgangs moralischer Subjekte mit ihrer Umwelt und der Natur. Menschen sollten dann darüber nachdenken, wie sie neue moralische Objekte in die moralische Gemeinschaft – also die Gemeinschaft von Wesen, die moralisch achten können, und von Wesen, die moralisch zu achten sind – aufnehmen, und was dies für ihre Existenz als moralische Subjekte praktisch bedeutet.

Was ist eine Bereichsethik?

Wir wissen nun mehr darüber, womit sich die Ethik beschäftigt und was moralische Subjekte und moralische Objekte sind. Allerdings müssen wir noch etwas in Augenschein nehmen: Die Ethik ist *vielfältig*. Sie untergliedert sich in mehrere Zweige, wie es in anderen Wissenschaften auch zu beobachten ist. So gilt es hier, zwischen der ›allgemeinen Ethik‹, über die wir zuvor gesprochen haben, und verschiedenen ›Bereichsethiken‹ zu unterscheiden.

Die Umweltethik ist eine Bereichsethik, also eine *spezielle* Ethik. Warum ist sie das? Zum einen ist sie eine Bereichsethik, weil man sich in ihr mit *einem* bestimmten Gegenstand, nämlich der Umwelt, beschäftigt. Zum anderen ist sie eine Bereichsethik, weil sie Ansätze aus der allgemeinen Ethik einbezieht, um Lösungen für die Probleme zu finden, mit denen sie sich auseinandersetzt. In der allgemeinen Ethik setzt man sich nicht mit moralischen Problemen in Bereichen des Lebens auseinander, in denen sich Entscheidende und Handelnde sehr spezifischen Herausforderungen stellen müssen, sondern versucht, allgemeine Regeln für das Handeln aller moralischen Subjekte zu finden. Beispielsweise wird danach gefragt, ob es grundsätzlich geboten ist, dass sich moralische Subjekte moralisch vervollkommnen. Hat also der Mensch die Pflicht, sich selbst moralisch zu verbessern und zu perfektionieren? Man fragt, um ein weiteres Beispiel zu geben, ob moralische Subjekte prinzipiell nicht lügen dürfen. Gibt es also ein kategorisches Lügenverbot? Man fragt zum Beispiel auch, was es überhaupt bedeutet, etwas zu ›sollen‹ und etwas zu ›dürfen‹.

Es gibt nur *eine* allgemeine Ethik. Allerdings gibt es *viele* Bereichsethiken: neben der Umweltethik zum Beispiel die Technikethik, die Wirtschaftsethik, die Sportethik oder die Ethik der künstlichen Intelligenz. Eine Technikethikerin beschäftigt sich mit den moralischen Fragen, die sich angesichts des Gegenstands Technik, wie etwa ihrer Entwicklung und ihres Einsatzes, stellen. Einige ihrer Fragen sind nur auf bestimmte moralische Subjekte vor einem speziellen Hintergrund zu beziehen, weil nur sie ein bestimmtes Problem haben. Die Technikethikerin fragt etwa: Dürfen hochspezialisiert ausgebildete Beschäftigte eines Waffenherstellers neue Waffentypen entwickeln? Oder sie fragt gegenstandsbezogen, aber mit Blick auf die Allgemeinheit: Darf man sich im Alltag mehr und mehr auf technische Hilfsmittel verlassen, die das eigene Leben vermeintlich einfacher machen, einen selbst aber vielleicht nur fauler, nachlässiger und verantwortungsloser werden lassen?

Bereichsethiken eint, dass man in ihnen, so der Philosoph Héctor Wittwer (*1969), »ethische, das heißt theoretisch begründete Lösungen für besondere moralische Probleme zu finden« versucht, die »sich nicht ohne Weiteres unter allgemein anerkannte moralische Prinzipien subsumieren lassen«[4].

Was heißt das? Es gibt zum Beispiel ein anerkanntes ethisches Prinzip, das moralischen Subjekten die Nichtschädigung von moralischen Objekten vorschreibt. Beispielsweise sollen Anouk und Michael, Schwester und Bruder, einander nicht schädigen, es sei denn, ein Notfall rechtfertigt eine Ausnahme. Menschen können einander schädi-

4 Wittwer 2017, S. 283.

gen: Sie können sich körperlich und emotional verletzen, einander Leid antun und einander schwere psychische Verletzungen zufügen. Für sie und ihre aufeinander bezogenen Handlungen ist das Prinzip eigentlich gedacht. Mit Blick auf ihre Umwelt und die Natur stellt sich die Frage, was das Prinzip der Nichtschädigung genau bedeuten würde, wenn nicht nur Menschen moralische Objekte wären. Wie ist dieses Prinzip auf unseren Gegenstand anzuwenden, wenn *erstens* zu klären ist, welche nichtmenschlichen Teile der Natur überhaupt moralische Objekte sind, und wenn *zweitens* zu klären ist, wie man diese überhaupt schädigen kann? Ist beispielsweise ein Bach ein moralisches Objekt? Und wenn er es ist: Unter welchen Bedingungen ist davon auszugehen, dass man ihn schädigt? Was genau bedeutet es, einen Bach zu ›schädigen‹?

In der allgemeinen Ethik hat man sich bereits damit befasst, wer oder was ein moralisches Subjekt ist und sein kann. In ihr hat man sich auch damit beschäftigt, wer oder was ein moralisches Objekt ist. Auch damit, wer oder was als moralisches Objekt in der Gegenwart und Zukunft, auch der sehr fernen, von Handlungen betroffen sein kann. Die Umweltethik fordert allerdings *bereichsspezifisch* diese bekannten Antworten heraus. Ihr eigenes Anwendungsgebiet motiviert dazu, sich erneut mit den Fragen auseinanderzusetzen. Zum Beispiel wird in der Umweltethik die Frage gestellt, ob Ökosysteme, die Lebewesen enthalten, selbst aber keine Lebewesen sind, moralisch geachtet werden sollen. Es ist ethisch umstritten, ob jedes Lebewesen moralisch zu achten ist, jedoch erkennt man hinsichtlich vieler Lebewesen weithin an, dass sie moralische Objekte sind. Hinsichtlich von etwas Natürlichem, das kein Lebewesen ist, besteht in der Umweltethik aber prinzipiell ein Dissens – wie bezüglich des Ökosystems schon angedeutet wurde.

Ein weiteres Beispiel für die besonderen moralischen Herausforderungen in *unserer* Bereichsethik: In der Umweltethik wird die Frage gestellt, welche Handlungen angesichts dessen, dass sie einen ökologischen Fußabdruck hinterlassen, moralisch erlaubt, verboten oder geboten sind. Ein ökologischer Fußabdruck ist ein Indikator, der anzeigt, wie viele Ressourcen des Planeten Individuen und Kollektive benötigen, um den eigenen Bedarf an Ressourcen zu sichern. Dieser Abdruck kann sehr tief sein. Und er kann weitreichende Folgen haben. Die Frage, welche Handlungen angemessen sind, stellt sich angesichts dieser Folgen nicht nur mit Blick auf die eigenen Kinder und Kindeskinder, sondern auch mit Blick auf Menschen, die erst in Jahrhunderten, gar Jahrtausenden leben werden. Haben wir, die heute lebenden moralischen Subjekte, gegenüber den erst übermorgen Existierenden moralische Verpflichtungen? Sollen moralische Ansprüche von noch nicht Existierenden, etwa an einer intakten Umwelt, überhaupt berücksichtigt werden? Wenn ja: Woran soll ich mich vor allem hinsichtlich meines Umweltverhaltens orientieren? An den Bedürfnissen und Ansprüchen derer, die gegenwärtig existieren? Oder an denen derer, die noch nicht existieren, aber existieren werden, und die dann, wenn sie existieren, deutlich stärker von den Umweltfolgen meines jetzigen Verhaltens betroffen sein werden als die, die heute existieren?

Dies sind Fragen, die durch die Beschäftigung mit unserem Umgang mit der Natur aufgeworfen werden. Es stellen sich Probleme, mit denen man sich in der allgemeinen Ethik nicht in dieser Zuspitzung befasst hat. Es geht unter anderem um das Problem der Erweiterung der moralischen Gemeinschaft und um das Problem der moralischen Verpflichtungen gegenüber noch nicht existierenden Lebewesen.[5]

Auf eines sei noch hingewiesen: Die Bereichsethikerin hat es aus dem Grunde nicht leicht, sondern besonders schwer, weil sie sich mit einem speziellen Gegenstand beschäftigt. Denn sie sollte sich in mehreren Wissenschaften und Wissensgebieten auskennen. Zum einen sollte sie je nach Bereich mit dessen Gegenstand, beispielsweise der Umwelt, Technik, Wirtschaft oder Medizin, in wesentlichen Zügen vertraut sein. Zum anderen sollte sie sich in der allgemeinen Ethik auskennen, um den Gegenstand moralphilosophisch geschult untersuchen zu können. Bei aktuellen moralischen Problemen mit Bezug auf gesellschaftlich wichtige Entwicklungen – zum Beispiel solchen, die mit künstlicher Intelligenz zu tun haben – ist es oft der Fall, dass vorschnell vermeintliche Lösungen präsentiert werden, ohne diese zuvor sorgfältig unter ethischen Gesichtspunkten studiert zu haben. Das ist verständlich, weil Lösungen häufig unter Zeitdruck gefunden werden müssen. Die drängenden Probleme liegen nun einmal auf dem Tisch. Hektik in der ethischen Urteilsfindung ist aber auch bei derart Drängendem und oft Unübersichtlichem nicht anzuraten. Die Folgen solcher Entscheidungen sind meist nicht abschätzbar und weitreichend.

Bereichsethiken sollten daher zum einen nicht von

5 Siehe hierzu bspw. Meyer 2019.

denen betrieben werden, die hinsichtlich des Gegenstandes im Wesentlichen nicht sachkundig oder willens sind, sich seiner anzunehmen. Zum anderen sollten sie nicht von denen betrieben werden, die zwar Experten für den Gegenstand sind, jedoch über keine Sachkenntnis der allgemeinen Ethik verfügen. Weil die Ansprüche in den Bereichsethiken derart hoch sind, und weil aufgrund der Komplexität der Wissenschaften niemand für alles Experte sein kann, gibt es Ethikkommissionen und Ethikräte. In ihnen finden sich neben Ethikern andere Philosophen und Fachwissenschaftlerinnen, etwa Medizinerinnen oder Theologinnen. Sie versuchen gemeinsam, Lösungen für gesellschaftlich relevante moralische Probleme zu erarbeiten.

Nachbarn der Umweltethik

Nun wissen wir auch mehr darüber, was Bereichsethiken sind und dass die Umweltethik eine Bereichsethik ist. Um sicherzustellen, dass man die Umweltethik nicht mit anderen, auch nichtphilosophischen Bereichen verwechselt, die ihr ähnlich sind, ihr nahestehen oder mit denen sie sinnvoll verknüpft werden kann, aber nicht werden muss, grenzen wir sie im Folgenden von diesen ab. Diese anderen Bereiche bezeichne ich hier salopp als ›Nachbarn‹ der Umweltethik. Die Abgrenzung der Umweltethik von ihren Nachbarn ist wichtig, damit nicht alles, das *irgendwie* zusammenhängt, in einen Topf geworfen wird, und man sich dann wundert, dass vieles durcheinander gerät und das Ganze kaum noch zielführend ist. Es ist wichtig, die Umweltethik von anderen Disziplinen abzugrenzen, weil oft zu viel von Umweltethikerinnen erwartet wird. Manche erwarten von diesen, dass sie Expertinnen zu allen Umwelt- und Naturfragen sind und über alles Auskunft geben können, das auch nur im Entferntesten mit der Umwelt zusammenhängt. Vielleicht ist Tamara der Meinung, dass eine Umweltethikerin immer auch eine Umweltschützerin ist. Vielleicht denkt sie auch, dass sie von der Umweltethikerin in Fragen des Umweltrechts beraten werden kann. Und vielleicht denkt Felix, dass eine Umweltethikerin eine Ökologin oder eine Naturwissenschaftlerin mit anderem Schwerpunkt ist.

Doch sind sie dies alles nicht. Oder zumindest nicht unbedingt. Die Umweltethiker haben eine bestimmte Aufgabe. Die Ökologen haben eine andere, und die Umweltjuristen wieder eine weitere. Und die Umweltschützer haben noch eine ganz andere Aufgabe. Darum sollten wir genau hinsehen: Die Umweltethik ist nicht zu verwechseln mit dem Umweltschutz, der Ökologie, dem Umweltrecht und der Umweltpädagogik. Gehen wir diese anderen Bereiche nacheinander durch und erläutern, warum sie durchaus Nachbarn der Umweltethik, aber nicht die Umweltethik selbst sind.

Umweltethik und Umweltschutz

Die Umweltethik ist nicht mit dem Umweltschutz zu verwechseln. Weder sind sie dasselbe, noch ist es so, dass eine Umweltethikerin Ideale von Umweltschutzorganisationen teilen und deren Praktiken und Aktionen gutheißen muss. Die Umweltethik ist der Philosophie zugehörig. Der Umweltschutz ist eine auf die Bewahrung von Natur und

Umwelt bezogene Praxis. Während Umweltschützer davon überzeugt sind, dass die Natur und die Umwelt geschützt werden sollen, treten Umweltethikerinnen mehrere Schritte vor diese Überzeugung zurück. Ihre Aufgabe ist es, die Bedingungen dieser Überzeugung zu klären und in ihrem Kontext wichtige Begriffe zu analysieren und zu definieren. Umweltethiker untersuchen moralische Gründe für den Umweltschutz und für dessen Gegenteil. Daraus folgern sie dann den moralisch gebotenen, verbotenen oder erlaubten Umgang mit der Umwelt und der Natur. Trotz dieser Unterscheidung kann sich eine Umweltethikerin in einer Umweltschutzorganisation engagieren. Und ein Umweltschützer kann ethisch fundiert argumentieren und handeln. Dies ist selbstverständlich möglich, aber nicht zwingend auch tatsächlich der Fall.

Alle, denen am Umweltschutz gelegen ist, sollten allerdings ethisch fundiert argumentieren und handeln. Es wäre klug, dies zu tun. Sollten sie sich der Umweltethik zuwenden, analysieren sie zum einen ihre Beweggründe rational oder können ihre rationalen Beweggründe noch festigen, indem sie Argumente für, aber auch gegen den Umweltschutz detailliert prüfen. Mit der ethischen Fundierung könnten sie zum anderen Mitstreiterinnen für ihre Sache gewinnen. Sie könnten damit vielleicht mehr Menschen davon überzeugen, dass es richtig ist, aktiv und engagiert für die Umwelt einzutreten. Eine Umweltschützerin möchte, dass andere, und zwar möglichst viele Menschen, ihrem Beispiel folgen. Dazu gehören auch diejenigen, die keine besondere Vorliebe für die Natur haben und die emotional nichts mit ihrer Umwelt verbindet. Andere, nämlich die, die eine besondere Vorliebe für die Natur haben, wird die Umweltschützerin gar nicht erst von ihrer Sache argumentativ überzeugen müssen. Die Chance ist sehr groß, dass die Naturliebhaber ihrem Beispiel folgen werden, ohne mit großem Aufwand überzeugt werden zu müssen. Die ohne besondere Vorliebe für die Natur müssten aber *argumentativ* überzeugt werden. Denn man kann niemanden dazu zwingen, die eigene Vorliebe für etwas zu teilen. Geschmäcker, Vorlieben, Gefühle und daraus resultierende Handlungen oder Haltungen gegenüber etwas kann man nicht verordnen. Geschmäcker sind nun einmal verschieden. Zwar kann man auch niemanden dazu zwingen, ein wohlbegründetes ethisches Argument für den Umweltschutz überzeugend zu finden. Doch werden zumindest diejenigen, die vernünftig und offen sind, sich einem solchen Argument nicht verschließen. Und von der Überzeugung, dass es richtig und wohlbegründet ist, etwas Bestimmtes zu tun, kann es ein kurzer Weg dahin sein, es auch wirklich zu tun. Die Umweltethik kann also dem Umweltschutz und seinem Anliegen von Nutzen sein. Sie könnte Argumente liefern, die Kritikern, die Umweltschützer polemisch als »Träumer« oder »Idealisten« abstempeln, den Wind aus den Segeln nehmen.

Umweltethik und Umweltrecht

Die Umweltethik ist nicht mit dem Umweltrecht und der Umweltgesetzgebung zu verwechseln, obwohl es sowohl in der Umweltethik als auch im Umweltrecht um die Begründung, Formulierung und Durchsetzung von Handlungsnormen, also um verbindliche Regeln, geht. Zwar wird in der Umweltethik und im Umweltrecht festgelegt und normiert, wie mit der Umwelt des Menschen und den Umwelten anderer Lebewesen umgegangen werden darf und soll. Allerdings sind dies im Fall der Umweltethik moralische, im Fall des Umweltrechts rechtliche Normen, also Gesetze. Rechtliche Normen werden in einer bestimmten Rechtsordnung, etwa einer Verfassung oder einem Gesetzbuch, vom Gesetzgeber festgeschrieben. Sie gelten in einem bestimmten Rechtsraum, etwa einer politischen Gemeinschaft wie einem Staat oder einem Staatenbund. Werden rechtliche Normen in diesem Rechtsraum missachtet und wird diese Missachtung entdeckt, so wird der Missachtende sanktioniert, und zwar von Institutionen, die hierzu politisch ermächtigt worden sind.

Ob eine rechtliche Norm, also ein Gesetz, angemessen ist, ist eine andere Frage. Nicht alles, was gesetztes Recht ist, ist auch ethisch recht. Nicht alles, was legal (gesetzeskonform) ist, ist auch legitim (moralisch richtig). Und nur, weil etwas laut Gesetz nicht verboten ist, muss es noch lange nicht angemessen sein. Beispielsweise ist es in Deutschland nicht gesetzlich verboten, seinen Lebenspartner mit einem anderen Menschen zu betrügen. Moralisch erscheint es jedoch zumindest fragwürdig. Moralische Normen werden als etwas verstanden, das von allen moralischen Subjekten zu achten ist. Und zwar grundsätzlich unabhängig davon, in welchem Rechtsraum sich die moralischen Subjekte bewegen. Moralische Normen zeichnen sich im Gegensatz zu rechtlichen Normen also dadurch aus, dass sie den »Anspruch auf Allgemeingültigkeit«[6] erheben.

6 Birnbacher 1980, S. 113.

Eine der Aufgaben der Umweltethik besteht darin, Umweltrecht und Umweltgesetzgebung kritisch zu begleiten und, im Idealfall, ihre Vorschläge und Ergebnisse zu begründen.

Umweltethik und Ökologie

Die Umweltethik ist nicht mit der naturwissenschaftlichen Umweltforschung zu verwechseln. Sie gehört also nicht in das biologische Teilgebiet Ökologie. Die Umweltethik wird an Universitäten in der Regel in geisteswissenschaftlichen Fakultäten betrieben, die Umweltforschung mit Freilandexperimenten, Laborexperimenten und mithilfe von mathematischen Modellierungen in naturwissenschaftlichen Fakultäten.

Eine Populationsökologin ist in ihrer Funktion als Biologin nicht zugleich Umweltethikerin. Der Umweltethiker ist in seiner Funktion nicht zugleich Umweltforscher. In der Ökologie geht es darum, die Umwelt des Säugetiers Mensch und die Umwelten anderer Lebewesen zu erforschen und deren Elemente und, vor allem, deren Wechselwirkungen zu untersuchen.[7] Die Ergebnisse dieser

7 Der Biologe Ernst Haeckel (1834–1919) prägte den Begriff ›Ökologie‹ im 19. Jahrhundert. Laut Haeckel bedeutet er »die gesammte Wissenschaft von den Beziehungen des Organismus zur umgebenden Aussenwelt«. Laut einer jüngeren Definition bedeutet ›Ökologie‹ die »wissenschaftliche Untersuchung der Verbreitung und Abundanz [Häufigkeit] von Organismen, der Wechselbeziehungen, welche dieser Verbreitung und Abundanz zugrunde liegen, sowie der Wechselbeziehungen zwischen Organismen

Untersuchungen sind zwar auch für die Umweltethikerin wichtig, doch fragt sie speziell nach etwas anderem als der Ökologe. Ihre Aufgabe besteht darin, herauszufinden, wie man hinsichtlich der Umwelt und Natur handeln soll. Es ist jedoch nicht ihre Aufgabe, herauszufinden, wie Umwelt und Natur eigentlich beschaffen sind. Die Umweltethikerin und der Ökologe erfüllen unterschiedliche Aufgaben, weil sie sich mit grundsätzlich unterschiedlichen Fragen angesichts desselben Gegenstandes beschäftigen.

Umweltethik und Umweltpädagogik

Die Umweltethik ist nicht mit der Umweltpädagogik zu verwechseln. Die Umweltpädagogik ist ein erziehungswissenschaftliches Teilgebiet und zielt darauf ab, den bewussten Umgang mit der Umwelt und der Natur zu lehren. Ein Umweltpädagoge untersucht zu diesem Zweck, wie und mit welchen erzieherischen Mitteln und Methoden Kindern, Jugendlichen und Erwachsenen der bewusste Umgang mit ihrer Umwelt und der Natur insgesamt möglichst gut vermittelt werden kann. Erfolgreiche Umweltpädagogik erreicht, dass sich die Lernenden von ihr angeleitet dem Gegenstand konzentriert nähern und ihn genauer erkunden. Außerdem sollen sie dazu angeregt werden, sich selbst die Frage zu stellen, welcher Umgang mit ihrer Umwelt und der Natur angemessen ist. Die Umweltpädagogik führt also unter anderem an die Umweltethik und ihren Gegen-

und der Umwandlung und dem Fluss von Energie und Stoffen«. Begon/Howarth/Townsend 2017, S. 4.

stand heran. Wenn es sich um eine Heranführung an das eine durch das andere handelt, dann können sie nicht dasselbe sein.

2 Der Gegenstand

Wir verstehen nun besser, was die Umweltethik ist und mit welchen Disziplinen und Praktiken sie nachbarschaftlich verbunden, aber nicht identisch ist. Doch welchen Gegenstand hat sie? Die Antwort ›Umwelt‹ ist naheliegend und richtig. Was sollte es auch sonst sein?, könnte man fragen.

Doch was genau bedeutet der Begriff ›Umwelt‹? Was versteht der Umweltethiker unter diesem Begriff? Einige Leserinnen und Leser könnte es überraschen, dass diese Fragen überhaupt gestellt werden. Ist es nicht allgemein bekannt, was unter dem Begriff zu verstehen ist? Angenommen, dass Rita und Stefan während einer Bergtour angeregt über ›die Umwelt‹ diskutieren: Ist es dann nicht klar, dass sie dasselbe im Sinn haben? Ich gehe davon aus, dass dies nicht zwingend der Fall sein *muss*.

Im Folgenden soll es darum gehen, warum es ganz und gar nicht klar ist, dass unterschiedliche Personen dasselbe unter ›Umwelt‹ verstehen. Im Anschluss werden wir uns zwei verbreiteten Vermutungen, was unter ›Umwelt‹ zu verstehen ist, zuwenden, um abschließend den Gegenstand der Umweltethik genauer zu bestimmen.

Deine Umwelt, meine Umwelt

Stellen wir uns einen Marktplatz vor: Dort findet eine Demonstration gegen den Betrieb eines Kohlekraftwerks statt. Umweltschutzgruppen haben zur Teilnahme aufgerufen. Die Demonstrantin Sabine reckt ein Plakat mit der Aufschrift »Rettet die Umwelt!« in die Höhe. Wir lesen die Aufschrift. Vielleicht denken wir, dass es ein motivierender Aufruf ist. Zumindest denken wir erst einmal nicht, dass er unklar ist oder auf verschiedene Weisen interpretiert werden kann. Es handelt sich um einen Aufruf, der dazu motivieren soll, etwas Bestimmtes zu tun. Nun kommen wir aber vielleicht doch ins Grübeln. Denn jeder, der dazu aufgerufen werden soll, etwas Bestimmtes zu tun, muss glasklar erkennen können, wozu er aufgerufen wird. Ansonsten würde der Aufruf seinen Zweck nicht erfüllen. In diesem Fall ist es aber nur anscheinend glasklar, wozu uns Sabine aufruft. Warum? Weil man dann, wenn man dem Aufruf folgen möchte, *unterschiedliche* Ziele ins Auge fassen könnte. Und zwar deshalb, weil die eine unter ›Umwelt‹ dies, der andere das versteht.

Schauen wir uns dies genauer an und werfen wir noch einmal einen Blick auf den Marktplatz. Der Demonstrant Michael, der neben Sabine steht und wie diese ein Plakat mit der Aufschrift »Rettet die Umwelt!« trägt, könnte mit seinem Aufruf anderes im Sinn haben als sie. Und zwar einfach deshalb, weil er ein anderes Verständnis von ›Umwelt‹ hat. Ihre Aufrufe, obwohl sie gleich lauten, können auf unterschiedliche Weise interpretiert werden – je nachdem, welchen Umweltbegriff man zugrunde legt. »Rettet die *Umwelt des Menschen* zwecks Sicherung der Zukunft der Menschheit!« Oder: »Rettet die Umwelt, also die *gesamte Natur*!« Oder: »Rettet die *Umwelten aller leidensfähigen Lebewesen*!«

Es gibt weitere Optionen, den Slogan zu ergänzen oder zu präzisieren. Je nachdem, was genau mit dem Aufruf und welcher Begriff der Umwelt gemeint ist, führt er zu unterschiedlichen moralischen Handlungsregeln und Umweltpraktiken. Einige setzen zum Beispiel die Begriffe ›Umwelt‹ und ›Natur‹ gleich, andere nicht. Einige meinen, wenn sie von ›der Umwelt‹ sprechen, ausschließlich die Umwelt des Menschen, andere nicht. Einige sind der Ansicht, dass die Umwelt zum Zweck des Fortbestandes der Menschheit gerettet werden soll, andere nicht. Der Appell »Rettet die Umwelt!« muss also von denen, die ihn formulieren, begrifflich bestimmt und erläutert werden. Erst dann kann man ihm handlungsanleitend exakt und nicht bloß vermeintlich folgen.

Vor der Klärung solcher begrifflichen Fragen dürfen wir uns also nicht drücken. Was bedeutet ›Umwelt‹ in der Umweltethik? Eine erste Vermutung legt nahe, dass der Begriff ›Umwelt‹ und der der Natur gleichbedeutend sind. Denn wenn Menschen über die ›Umwelt‹ sprechen, meinen sie anscheinend oft ›Natur‹. Eine zweite Vermutung legt nahe, dass die Begriffe ›Umwelt‹ und ›die Umwelt des Menschen‹ gleichbedeutend sind. Wenn Menschen über die ›Umwelt‹ sprechen, dann meinen sie anscheinend oft nur die ihrer eigenen Spezies. Was ist von diesen Vermutungen zu halten?

Erste Vermutung: Umwelt = Natur

Entsprechend der ersten Vermutung bedeuten ›Umwelt‹ und ›Natur‹ dasselbe. Doch trifft diese Vermutung nicht zu. Der Begriff ›Umwelt‹ und der der Natur sind nicht gleichbedeutend. Der Begriff ›Natur‹ ist ein Oberbegriff, ›Umwelt‹ einer seiner Unterbegriffe. Denn das, was als ›Umwelt‹ eines Lebewesens bezeichnet wird, gehört zur Natur, ist aber nicht mit ihr identisch.

Betrachten wir zunächst, was der Oberbegriff bedeutet. Unter ›Natur‹ (von lat. *natura*) ist, so die Philosophin Angelika Krebs (*1961), »*dasjenige in unserer Welt*« zu verstehen, »*das nicht vom Menschen gemacht wurde*, sondern das (weitgehend) aus sich selbst entstanden ist, neu entsteht und sich verändert (so wie Tiere, Pflanzen, Steine, Flüsse, Berge und Planeten)«[1]. Auch das Säugetier Mensch ist also als etwas in der Welt anzusehen, das aus sich selbst entstanden ist, also auch ein Teil der Natur ist. Der Mensch wurde nicht vom Menschen erfunden, nicht von ihm geplant, nicht von ihm erschaffen. Das Säugetier Mensch ist das Resultat natürlicher, nicht kultureller Prozesse. Es ist das Ergebnis natürlicher Evolution.

Der Computer hingegen ist das Resultat kultureller, nicht natürlicher Prozesse. Ohne menschliches Zutun würde es den Computer gar nicht geben. Er ist nicht aus sich selbst entstanden, sondern wurde vom Menschen gemacht. Der Mensch hingegen gehört zur Natur. Und seine Umwelt gehört ebenfalls zur Natur. Wenn der Mensch und seine Umwelt zur Natur gehören, also Teile der Natur sind, dann können Mensch, Umwelt und Natur nicht dasselbe sein. Und daraus folgt: Die Begriffe ›Mensch‹, ›Umwelt‹ und ›Natur‹ können nicht dasselbe bedeuten.

1 Krebs 2016b, S. 340.

Zweite Vermutung: Umwelt = menschliche Umwelt

Entsprechend der zweiten Vermutung bedeuten ›Umwelt‹ und ›menschliche Umwelt‹ dasselbe. Doch diese Vermutung trifft nicht zu, zumindest nicht zwangsläufig. Oft wird vereinfachend über ›die Umwelt‹ gesprochen, so als sei es klar, dass es nur eine Umwelt gibt. Man spricht entsprechend über den Umweltschutz, nicht über den Umwelt*en*schutz. Doch unterschiedliche Lebewesen haben unterschiedliche Umwelten. Vielleicht existieren sie zusammen in einer natürlichen Umgebung, teilen aber nicht dieselbe Umwelt. Die Umwelt des Menschen ist eine andere Umwelt als die von etlichen anderen Lebewesen. Was genau heißt das?

Unter dem Begriff ›Umwelt‹ kann jeweils der Teil der natürlichen Umgebung von Menschen und anderen Lebewesen verstanden werden, mit dem sie in einem bestimmten Verhältnis stehen und mit dem sie in besonderer Weise wechselwirken. Die Umwelt ist jener Teil der natürlichen Umgebung eines Lebewesens, der für es *relevant*, also von Bedeutung ist. Nicht alles in ihrer natürlichen Umgebung können Lebewesen sinnlich erfassen. Nicht in jedem Gebiet ihrer natürlichen Umgebung vermögen sie sich aufgrund ihres je unterschiedlichen Körperbaus zu bewegen. Nicht alles aus der natürlichen Umgebung vermögen sie aufzunehmen. Nicht an alles der natürlichen Umgebung sind sie spezifisch *angepasst*. Diejenigen Teile der natürlichen Umgebung, an die sie angepasst sind, sind ihre Umwelt.

Es handelt sich also bei der Umwelt, will man dem Biologen Jakob Johann von Uexküll (1864–1944) folgen, um einen jeweils bestimmten Teil der natürlichen Umgebung eines Lebewesens, nicht um die gesamte Umgebung oder Natur. In seinem Buch *Umwelt und Innenwelt der Tiere* von 1909 finden sich einige Sätze, in denen dieser Gedanke eine wichtige Rolle spielt:

> [A]lle Tiere sind *in ihren Umwelten* gleich vollkommen eingepaßt [...]. Nur dem oberflächlichen Blick mag es erscheinen, als lebten alle Seetiere in einer allen gemeinsam gleichartigen Welt. Das nähere Studium lehrt uns, daß jede dieser tausendfach verschiedenen Lebensformen eine ihm *eigentümliche Umwelt* besitzt, die sich in dem Bauplan des Tieres wechselseitig bedingt [...]. Es ist freilich nicht schwierig, ein beliebiges Tier in seiner Umgebung zu beobachten. Aber damit ist die Aufgabe keineswegs gelöst. Der Experimentierende muß festzustellen suchen, welche Teile dieser Umgebung auf das Tier einwirken und in welcher Form das geschieht [...]. Und nun wenden wir uns der bedeutungsvollen Frage zu, welche Gegenstände der Umgebung vermag der Regenwurm in *seine Umwelt* aufzunehmen?[2]

Um Uexkülls Ausführungen genau nachvollziehen zu können, müsste man weitere für ihn wichtige Begriffe wie etwa den der ›Innenwelt‹ und den der ›Merkwelt‹ berücksichtigen. Für uns genügt es, festzuhalten, dass Lebewesen in ihren Umwelten auf sie spezialisiert existieren. Man ist selbstverständlich nicht gezwungen, Uexkülls Definition zu übernehmen. Man muss nicht von ›Umwelten‹ im Plural

2 Uexküll 2014, S. 22 f., 130 (Hervorh. C. W.).

sprechen. Doch ist Uexkülls Definition hilfreich, um die Begriffe ›Natur‹, ›natürliche Umgebung‹ und ›Umwelt‹, die auf Unterschiedliches verweisen, voneinander zu trennen und genauer zu klären.

Also: Es gibt Umwelten. Die Umwelt des Menschen ist nicht die aller anderen Lebewesen und umgekehrt, auch wenn sie allesamt Teile der Natur sind und gemeinsam eine natürliche Umgebung bevölkern können. Die Umwelt eines Pantoffeltierchens ist nicht die eines roten Fliegenpilzes. Die Umwelt einer Zecke ist nicht die eines Hammerhais. Dies sind keine spitzfindigen Differenzierungen. Denn für die Umweltethik können sie folgenreich sein. Differenziert man, ist es nämlich so, dass nicht jede umweltrelevante Handlung die Umwelten aller zugleich und gleichermaßen betreffen muss. Vielleicht kann ich als moralisches Subjekt mit einer bestimmten Handlung die Umwelt eines anderen, nichtmenschlichen Lebewesens und somit auch dieses Lebewesen stark und folgenschwer belasten, ohne dabei meine eigene Umwelt stark und folgenschwer zu belasten.

Die Umwelt in der Umweltethik

Die Begriffe ›Umwelt‹ und ›Natur‹ bedeuten also Verschiedenes. Dies legt nahe, dass die Umweltethik nicht um die Frage nach dem angemessenen Umgang mit der *ganzen* Natur kreist. Anscheinend nimmt sie nur einen Teil oder Teile der Natur in Augenschein. Zum anderen wissen wir, weil es unterschiedliche Lebewesen und Spezies gibt, dass es auch mehrere Umwelten gibt: Wenn man den Begriff

›Umwelt‹ im Munde führt, sollte man stets präzisieren, *wessen* Umwelt man eigentlich meint. Dieses Wissen legt nahe, dass die Umweltethik sich entweder mit der Frage nach dem angemessenen Umgang mit Umwelt*en* befasst, oder dass sie unausgesprochen von einer ganz bestimmten Umwelt ausgeht. Es besteht also Klärungsbedarf. Was genau verstehen Umweltethikerinnen unter dem Begriff ›Umwelt‹?

Der Umweltethiker Konrad Ott (*1959) formuliert, dass die Umweltethik mit der Frage nach dem angemessenen Umgang mit der »außermenschlichen Natur«[3] befasst ist. Der Gegenstand der Bereichsethik ist die außermenschliche Natur. Es versteht sich nicht von selbst, was darunter zu verstehen ist. Was hat es mit der Rede von der »außermenschlichen Natur« auf sich? Es geht offensichtlich um einen bestimmten Teil oder bestimmte Teile der Natur, nämlich den nichtmenschlichen Teil bzw. nicht um die »innermenschliche Natur«. Auch der Mensch gehört zur Natur. Doch kümmert die Umweltethik sich nicht um *ihn* und *seine* Natur *allein*, also nicht ausschließlich um seine sowohl körperliche als auch geistige sowie seine zwischenmenschliche Existenz. Mit diesen Themen befasst sich die allgemeine Ethik. Auch einige Bereichsethiken beschäftigen sich mit moralischen Problemen rund um die innermenschliche Natur, und zwar sowohl die körperliche als auch die geistige Natur und deren Zusammenhang. Hierzu zählen zum Beispiel die Medizinethik und die Bioethik. Worum aber kümmert sich die Umweltethik, wenn sie sich nicht um die innermenschliche Natur kümmert?

3 Ott 2010, S. 8.

Bildhaft gesprochen, richten Umweltethiker den Scheinwerfer auf der Bühne der Ethik neu aus. Sie beleuchten jene Teile der Natur, die bislang nicht im Scheinwerferlicht standen. Das bedeutet jedoch nicht, dass der Mensch, der auch ein Teil der Natur ist, der Bühne verwiesen wird. Selbstverständlich bleibt er als einziges moralisches Subjekt Mitglied des aktiven und sichtbaren Ensembles. Doch wird nun allem anderen, das vor der Einführung der Umweltethik unbeachtet oder nahezu unbeachtet blieb, besondere Aufmerksamkeit zuteil. Die Umweltethikerin fragt nach dem angemessenen Umgang des Menschen mit seiner Umwelt angesichts der Tatsache, dass der Mensch mit ihr wechselwirkt. Sein Handeln hat Einfluss auf die Umwelt, und die Umwelt hat Einfluss auf ihn. Was darf der Mensch mit seiner unmittelbaren außermenschlichen Natur, also seiner eigenen Umwelt, tun, wenn man in Betracht zieht, dass diese Umwelt selbst moralisch geachtet werden soll?

Die Umweltethikerin fragt auch nach dem angemessenen Umgang des Menschen mit nichtmenschlichen Lebewesen, deren Umwelten und anderen Teilen der Natur, die nicht zu seiner unmittelbaren außermenschlichen Natur gehören. Hat der Mensch ihnen gegenüber vielleicht sogar Verpflichtungen?

Und die Umweltethikerin fragt angesichts der neu ausgeleuchteten Bühne, ob der Mensch seine Rolle als Teil der Natur in der Natur grundlegend überdenken sollte; ob es in Anbetracht der außermenschlichen Natur angemessen ist, ethisch einen Neuanfang zu wagen. Wie das zu verstehen ist, werden wir im nächsten Kapitel erfahren, wenn wir uns mit der Entstehung und der Geschichte der Umweltethik genauer auseinandersetzen.

3 Zur Geschichte

Für ein Arbeitsgebiet in der jahrtausendealten Philosophie ist die Umweltethik sehr jung. Anscheinend war an ihre Entstehung lange Zeit gar nicht zu denken. Denn dass die außermenschliche Natur in das Blickfeld von Ethikern geraten sollte, wurde bis zur Mitte des 20. Jahrhunderts nicht recht in Betracht gezogen. Bis dahin wurde, so der Philosoph William Frankena (1908–1994), unter ›Ethik‹ das verstanden, was

> unser Handeln und Sein im Verhältnis zu unseren Mitmenschen, zu uns selbst oder zu Gott […] betrifft. Mit unserem Verhältnis zu anderen Tieren schien uns Ethik kaum etwas zu tun zu haben. Und noch weniger, wenn überhaupt, brachten wir Ethik mit der Frage in Verbindung, wie wir mit Pflanzen, der Luft, der Erde, dem Wasser oder den Mineralien umgehen sollten.[1]

Erst seit den 1970er-Jahren wird an Universitäten intensiv und systematisch über den angemessenen Umgang des Menschen mit der außermenschlichen Natur nachgedacht.

Warum erst so spät? Weil zuvor nur wenige erkannt hatten, dass die der Umweltethik zugrunde liegende Frage nach diesem angemessenen Umgang eine für unser moralisches Bewusstsein und unsere individuelle wie kollektive Existenz wichtige Frage ist. Zugespitzt formuliert kann man sagen, dass es zuvor anscheinend keinen drängenden Anlass gab, sich diese Frage zu stellen. Oder zumindest

1 Frankena 2016, S. 271.

wurde von vielen (auch Ethikern) kein solcher Anlass gesehen.

Dies hat sich offensichtlich geändert. Die Liste an erschütternden und verunsichernden Nachrichten über die Umwelt wird seit einigen Jahrzehnten länger und länger. Die Umweltkrise ist allgegenwärtig. Nur ein paar beliebige Beispiele möchte ich aus dieser Liste entnehmen: Es wird über verschmutzte Ozeane mit sich nicht zersetzenden Plastikteilen und massenhaftem Fischsterben berichtet; die Nuklearkatastrophe von Tschernobyl in den 1980er-Jahren hat sich in das kollektive Gedächtnis eingegraben und wurde durch die jüngst erschütternden Ereignisse in Fukushima im Jahr 2011 wieder aktuell; das Sterben europäischer Wälder wegen Schadstoffen in der Luft wird seit Jahrzehnten befürchtet und untersucht; die Abholzung und Brandrodung von großen Teilen des tropischen Regenwaldes im Amazonasbecken ist eine Gefahr für das Weltklima; die Notwendigkeit, radioaktive Abfälle für Jahrtausende endlagern zu müssen, verängstigt nicht nur diejenigen, die in der Nähe eines atomaren Endlagers leben sollen.

Diese und andere Ereignisse und Geschehnisse werden durch Berichte und Nachrichten immer wieder ins öffentliche Bewusstsein gebracht. Sie werden seit einigen Jahrzehnten von Ökologen, Sozialwissenschaftlern, Künstlerinnen und Philosophinnen wahrgenommen und mit ihren Mitteln und Methoden studiert und verarbeitet. Sie führen immer öfter zu politischen Auseinandersetzungen. Und sie bewegen dazu, umweltrelevantes Entscheiden und Handeln von Individuen und Kollektiven zu reglementieren.

Dass die außermenschliche Natur zum Gegenstand der Ethik geworden ist, hat ausschlaggebend mit der Entwicklung menschlicher Kultur zu tun, genauer: mit der Weiterentwicklung von Technik und wirtschaftlichen Produktionsprozessen sowie dem Konsumverhalten. Die Umweltethik kann als eine Reaktion auf die Folgen dieser Entwicklung menschlicher Kultur interpretiert werden. Umweltethisch intensiv und systematisch wird geforscht, seitdem nicht mehr zu übersehen ist, dass der Umgang des Menschen mit der außermenschlichen Natur zu einem Problem geworden ist. Intensiv und systematisch geforscht wird, seitdem wir wissen, welchen Herausforderungen die Menschheit angesichts einer sich bedrohlich wandelnden außermenschlichen Natur aktuell und zukünftig gegenübersteht. Allerdings gab es bereits deutlich vor den 1970er-Jahren beispielsweise Belege dafür, dass der Mensch Einfluss auf die Erderwärmung und den Klimawandel hat. Diese Hinweise hätten schon damals zur Entwicklung der Bereichsethik Umweltethik beitragen *können*. So wies etwa der Physiker und Chemiker Svante Arrhenius (1859–1927) bereits im Jahr 1896 auf den anthropogenen Klimawandel hin.[2]

Die Bedrohung betrifft uns als Menschen in besonderer Weise. Wir sind uns der Bedrohung bewusst. Der Ökologe Frank Fraser Darling (1903–1979) sagt, dass vor allem die *Sorge um uns selbst* – also in erster Linie um uns selbst und um die uns Nächsten, wie Familienangehörige und Freunde, in zweiter Linie um uns als Menschheit – dazu motiviert hat, anzuerkennen, dass ökologische sowie umweltethische Anstrengungen intensiviert werden müssen. Fraser Darling formuliert diesen Gedanken so: »Eine moralische

2 Vgl. Braun/Baatz 2017, S. 856.

Haltung gegenüber dem Leben der Tiere und der Landschaft, gegenüber sauberer Luft und reinem Wasser hat sich im Zuge der Verschlechterung *unserer* Situation entwickelt.«[3] Diese Verschlechterung *unserer* Situation wurde wesentlich durch die Stärke und Tiefe anthropogener (also auf Menschen zurückführbarer) Eingriffe der technologischen Zivilisation[4] in die außermenschliche Natur verursacht. Teilweise sind die Folgen dieser Eingriffe sogar mit bloßem Auge sichtbar, etwa dann, wenn Bilder eines auf dem Meer treibenden Ölteppichs durch die Medien gehen.

Die Langzeitfolgen solcher Schädigungen können immer genauer prognostiziert werden. Man hat im Verlauf des letzten Jahrhunderts immer deutlicher zu erkennen begonnen, dass hochtechnisierte Eingriffe in die außermenschliche Natur diese in Mitleidenschaft ziehen. Diese Eingriffe sind hinsichtlich der Umwelt nicht folgenfrei, kostenneutral und, in ökologischer Perspektive, gleichgewichtswahrend zu haben. Die Natur des Planeten Erde und Umwelten sind nicht einfach ›immer da‹, unabhängig davon, was wir mit ihnen anstellen. Und die Beziehung des Menschen zur außermenschlichen Natur ist nicht natürlicherweise eine harmonische. Umweltkatastrophen und extreme Belastungen der Natur lassen uns der Natur gegenüber furchtsam werden und erinnern uns daran, wie dies der Philosoph Bernard Williams (1929–2003) ausdrückt, dass zwischen uns und dem Rest der Natur ein »Gefühl der Opposition«[5]

3 Fraser Darling 1980, S. 14 f. (Hervorh. C. W.).

4 Den Ausdruck »technologische Zivilisation« übernehme ich aus Jonas 2003.

5 Williams 2016, S. 304.

besteht. Unter anderem dieses Gefühl hat die Entwicklung der Umweltethik vorangetrieben.

Man könnte nun fragen: Haben Menschen aber nicht immer schon die außermenschliche Natur für ihre Zwecke benutzt? Haben Menschen nicht immer schon dazu tendiert, die außermenschliche Natur auszubeuten? Es ist unstrittig, dass die Menschheit in ihrer Kulturgeschichte die außermenschliche Natur immer schon kultiviert hat, um eigene Ziele zu verfolgen. Aber besonders die industrielle Revolution und die Geschwindigkeit, in der die technologische Entwicklung im 19., 20. und 21. Jahrhundert vorangeschritten ist, führen dazu, dass Menschen die früher als unerschütterlich geltende außermenschliche Natur erschüttert haben. Dass sie diese vielleicht ganz zerstören können und sich selbst gleich mit. Dazu fehlten den Menschen vor 300 Jahren die technischen Möglichkeiten.

Hans Jonas referiert in seinem Buch *Das Prinzip Verantwortung* ein Chorlied aus Sophokles' berühmter Tragödie *Antigone*, um zu zeigen, wie sich unsere Fertigkeiten und Möglichkeiten, in die außermenschliche Natur einzugreifen, in den letzten 2000 Jahren drastisch verändert haben:

> Ungeheuer ist viel und nichts
> Ungeheurer als der Mensch.
> Er überschreitet auch das graue Meer […]
> Unter tosenden Wogen hindurch.
> Erde, der Götter höchste,
> Die unerschöpfliche, unermüdliche,
> Bedrängt sein Pflug.
> Auf und ab
> Ackern die Rosse ihm

Jahr um Jahr. [...]
Der kluge Mensch.
Mit List bezwingt er,
Was haust auf Höhen
Und schweift im Freien.
Dem Pferd mit der mächtigen Mähne,
Dem unbändigen Bergstier
Zähmt er den Nacken
Unter das Joch.[6]

In unserem Zusammenhang ist wichtig, welche Schlüsse Jonas aus dem Referat zieht. Vor 2000 Jahren und noch vor wenigen Jahrhunderten stand der Mensch in einer ganz bestimmten Beziehung zur außermenschlichen Natur, so Jonas:

> Alle Freiheiten, die er [der Mensch] sich mit den Bewohnern des Landes, des Meeres und der Luft herausnimmt, lassen doch die umgreifende Natur dieser *Bereiche* unverändert und ihre zeugenden Kräfte unvermindert. Ihnen tut er nicht wirklich weh, wenn er sein kleines Königreich aus ihrem großen herausschneidet. Sie dauern, während seine Unternehmen ihren kurzlebigen Lauf nehmen. So sehr er auch die Erde Jahr um Jahr mit seinem Pfluge plagt – sie ist alterslos und unermüdbar; ihrer ausdauernden Geduld kann und muß er trauen und ihrem Zyklus muß er sich anpassen. Und ebenso alterslos ist das Meer. Kein Raub an seiner Brut kann seine Fruchtbarkeit erschöpfen, kein Durchkreuzen mit Schif-

6 Sophokles 1998, S. 18 f.

fen ihm Schaden tun, kein Abwurf in seine Tiefen es beflecken.[7]

Wenn also früher der Bauer sein Feld mit Ochsen und Pflug bestellte, dann hatte dies wenig bis keinen Einfluss auf die übrige Natur jenseits des Ackers. Wenn heute riesige Flächen des Amazonas-Regenwaldes durch Brandrodung zerstört werden, um dort Rinder zu züchten oder Palmen für die Palmöl- oder Treibstoffgewinnung anzubauen, ist dies etwas ganz anderes. Dies hat nicht nur einen Einfluss auf die weltweiten Fleisch- und Treibstoffpreise, sondern wirkt sich auch destabilisierend auf das globale Ökosystem aus. Gleiches gilt für Textilfabriken, die ihre verwendeten Chemikalien ungeklärt in Gewässer leiten. Die Zahl der Beispiele ist schier endlos. Die wissenschaftlich fundierte Weiterentwicklung von Technik und ihr industrieller, gewerblicher, militärischer und individueller Einsatz haben unser Verhältnis zur außermenschlichen Natur grundlegend verändert. Weitere Faktoren wie das globale Bevölkerungswachstum tragen ebenfalls zu dieser Veränderung bei. Heute müssen wir feststellen: Die umgreifende Natur des Landes, des Meeres und der Luft bleibt nicht unverändert. Ihre »zeugenden Kräfte« scheinen zu schwinden. Der Mensch »tut ihnen weh«. Die Erde ist nicht mehr »alterslos« und »unermüdbar«. Die Fruchtbarkeit des Meeres könnte sich »erschöpfen«. Wenn das globale Umweltproblem zumindest zum großen Teil mit menschlichem Handeln, der Wirtschaft, der Produktion und dem Konsum zu tun hat, dann sind wir moralisch aufgefordert, uns mit ihnen zu be-

7 Jonas 2003, S. 19.

schäftigen. Dass nicht jede bedrohliche Veränderung der außermenschlichen Natur von Menschen verursacht wird, entbindet uns vernünftigerweise nicht von der Aufgabe, uns mit umweltethischen Fragen auseinanderzusetzen. Warum? Weil *viele* schwerwiegende Veränderungen der außermenschlichen Natur auf menschliche Eingriffe zurückzuführen sind. Und weil auch die anderen Veränderungen solche sind, mit denen wir uns auseinandersetzen können und müssen.

Klassiker der Umweltethik

Es gibt in der Forschungsliteratur und in Beiträgen zur Geschichte der Umweltethik bestimmte klassische Schriften, die stets genannt werden, wenn auf ihren Ursprung im 20. Jahrhundert hingewiesen werden soll. Sie sind umweltethische Pionierarbeiten und damit erste wichtige Schriften, die unbedingt zu berücksichtigen sind, wenn man der Umweltethik auf den Grund gehen möchte. Man muss sie berücksichtigen, wenn man wissen möchte, von welchen Grundproblemen und Grundüberlegungen man in der Umweltethik ausgegangen ist. Im Folgenden werde ich auf eine Auswahl dieser klassischen Texte hinweisen.[8]

8 Siehe zur Geschichte der Umweltethik auch Kawall 2019.

Der Klassiker im deutschsprachigen Raum

Beginnen wir mit einem bereits erwähnten Klassiker, man darf sagen: *dem* Klassiker im deutschsprachigen Raum, nämlich Hans Jonas' Buch *Das Prinzip Verantwortung* von 1979. Angelika Krebs stellt fest, dass dieses Buch seit seinem Erscheinen »wie kein anderes die ökoethische Diskussion im deutschen Sprachraum bestimmt«[9] hat.

Worum geht es in dieser Pionierarbeit? Jonas stellt sich einer schwierigen Aufgabe. Er versucht, eine neue Ethik zu entwickeln, nämlich eine »Ethik für die technologische Zivilisation«. Wie kam Jonas Ende der 1970er-Jahre darauf, dass wir eine neue Ethik brauchen? Er erkannte eine große Gefahr: Der Mensch konnte damals bereits seit einiger Zeit stark und tief sowohl in die außermenschliche als auch in die innermenschliche Natur eingreifen. Der Mensch hatte sich Mittel geschaffen, die ihm dieses Eingreifen ermöglichten: Mit der Atombombe und der Wasserstoffbombe können auf einen Schlag zigtausende Menschen und andere Lebewesen getötet und deren Umwelten zerstört werden. Anfallender Atommüll lagert tausende Jahre. Bestimmte Industrien verschmutzen seit Jahrhunderten die Luft. Gentechnische Optionen, mit denen man zum Beispiel das Erbgut von Menschen manipulieren kann, werden entwickelt und perfektioniert.

Der um die innermenschliche und die außermenschliche Natur besorgte Jonas begründet in seinem wegweisenden Buch eine Ethik, die das Bewahren »echten menschlichen Lebens« auf dem Planeten Erde als moralischen Haupt-

9 Krebs 2016a, S. 10.

zweck des Handelns bestimmt. Angesichts der genannten Eingriffe sieht Jonas dieses Leben als gefährdet an. Er plädiert in seinem nicht immer leicht verständlichen Argumentationsgang dafür, jeden infrage kommenden menschlichen Eingriff in die Natur daraufhin zu prüfen, welche Folgen für die Natur mit ihm verknüpft sein können. Daher sollte man immer prüfen, ob es möglich ist, Wahrscheinlichkeiten dafür anzugeben, ob bestimmte Folgen eines Tuns eintreten werden oder nicht.

Schließlich formuliert Jonas eine rigorose Forderung: Wenn ein Eingriff in die Natur das Potenzial zur Gefährdung »echten menschlichen Lebens« hat oder wenn wir dies nicht ausschließen können, dann soll der infrage kommende Eingriff unterlassen werden. Man kommt ansonsten, so Jonas, seiner moralischen Pflicht als einziges Wesen, das *Verantwortung* für sich und die gesamte Natur übernehmen kann und es darum auch tun soll, nicht nach.

Doch auch andere Autoren veröffentlichten in den 1970er-, 1980er- und 1990er-Jahren wichtige Texte zur Umweltethik, unter anderem der Physiker und Philosoph Klaus Michael Meyer-Abich (1936–2018), der Philosoph Dieter Birnbacher (*1946) und der Philosoph Günther Patzig (1926–2018).[10]

10 Siehe Meyer-Abich 1984; Birnbacher 1988; Birnbacher 1997; Patzig 1983.

Besonders wichtig waren im anglo-amerikanischen Sprachraum zwei Publikationen, die vor den 1970er-Jahren veröffentlicht wurden und die die Entwicklung der neuen Bereichsethik maßgeblich vorgeprägt haben. Zum einen ist dies das 1949 erstmals erschienene Buch *A Sand County Almanac* des Biologen Aldo Leopold (1887–1948). Sein dort formulierter Grundsatz, dass etwas – etwa eine Handlung – nur dann richtig ist, wenn es dazu tendiert, die Integrität oder Unversehrtheit, die Stabilität oder den Bestand und die Schönheit einer biotischen Gemeinschaft zu bewahren, wird bis heute kontrovers diskutiert und interpretiert;[11] zum anderen ist Rachel Carsons (1907–1964) bis heute aufgelegtes Buch *Silent Spring* bedeutend. In ihm zeigt die Biologin Carson eindrucksvoll, welche verheerenden Auswirkungen der Einsatz des Insektizids DTT (Dichlordiphenyltrichlorethan) auf die außermenschliche Natur hat, und zwar nicht nur auf die Insekten, die mit dem Mittel vernichtet werden sollen, sondern auch auf andere Tiere, besonders Vögel, und die Umwelten anderer Lebewesen. Auch der Einsatz von Herbiziden, also Pflanzenvernichtungsmitteln, und dessen Auswirkungen auf die außermenschliche Natur werden von Carson in ihrem wichtigen Buch thematisiert.[12]

In der Nachfolge von Leopold und Carson haben weitere Autorinnen und Autoren darauf gedrängt, sich die Frage

11 Leopold 1986, S. 262: »A thing is right when it tends to preserve the integrity, stability, and beauty of the biotic community. It is wrong when it tends otherwise.«

12 Siehe Carson 2000.

nach dem angemessenen Umgang des Menschen mit der außermenschlichen Natur zu stellen. Hierzu zählen der Ökonom Dennis Meadows (*1942) und seine Co-Autorinnen und Co-Autoren, die 1972 die bis heute referierte und vor wenigen Jahren fortgesetzte Studie *The Limits to Growth* (*Die Grenzen des Wachstums*)[13] vorgelegt haben. Hierzu zählt auch der Rechtswissenschaftler Christopher D. Stone (*1937) mit seinem Artikel »Should Trees Have Standing?« (»Haben Bäume Rechte?«)[14] aus demselben Jahr. Neben Biologen, Ökonomen und Rechtswissenschaftlern zählten auch Philosophen in den 1970er-Jahren zu den Vordenkern der Umweltethik. Der Philosoph Richard Routley (1935–1996, später bekannt als Richard Sylvan) hielt 1973 seinen zukunftsweisenden Konferenzvortrag »Is There a Need for a New, an Environmental Ethic?«[15]. Seine Antwort auf diese damals überraschende Frage lautete: Ja, es gibt den Bedarf. Weitere einflussreiche Philosophen in den Anfangsjahren der Bereichsethik waren Arne Næss (1912–2009), John Passmore (1914–2004), Paul W. Taylor (1923–2015) und Holmes Rolston III (*1932).[16]

Um keinen falschen Eindruck zu hinterlassen: Auch in einigen Texten von Philosophen, die *vor* den 1970er-Jahren veröffentlicht wurden, wird auf umweltethisch relevante Themen eingegangen. Nicht nur in Texten von Biologen wie Leopold und Carson. Dies steht außer Frage. Es wurde jedoch nicht so systematisch, intensiv und wirkungsvoll darauf eingegangen, wie dies seit ungefähr 50 Jahren der Fall ist.

13 Siehe Meadows [u. a.] 1972.

14 Siehe Stone 2013.

15 Siehe Routley 1973.

16 Siehe Næss 2016; Passmore 1974; Taylor 1986; Rolston 1988.

Das lässt sich beispielhaft an einem Arbeitsgebiet der Umweltethik zeigen, nämlich der Tierethik. Eine ausgiebige und ›lebendige‹ akademische Auseinandersetzung mit moralischen Problemen des Umgangs mit Tieren – seien es domestizierte Haustiere und Nutztiere, in Zoos und Zirkussen gehaltene oder in Naturparks und in der Wildnis lebende Tiere – gibt es seit den 1970er-Jahren, und zwar seit dem Erscheinen des bahnbrechenden Buches *Animal Liberation* des Philosophen Peter Singer (*1946). In diesem Buch versucht Singer zu zeigen, dass Tiere Interessen haben und deshalb moralische Objekte sind.[17] Seitdem expandiert die Tierethik. Ihre Themen sind keine Randthemen mehr, so wie sie zuvor Randthemen waren. Keine Frage: Auch schon antike Philosophen befassten sich mit Problemen, die heute in der systematisch betriebenen Tierethik behandelt werden. So etwa im ersten Jahrhundert unserer Zeitrechnung Plutarch (um 45 – um 125), als er die Fragen stellte, ob man Tiere verzehren darf und wie mit welchen Tieren umgegangen werden soll.[18] Einen weiteren Meilenstein bildete die Mitleidsethik Arthur Schopenhauers (1788–1860), die explizit Tiere in die Überlegungen einbezieht. Plutarchs Ideen und die von weiteren Vordenkern sollte man nicht außer Acht lassen, wenn man sich mit diesem Arbeitsgebiet der Umweltethik auseinandersetzen möchte, auch wenn sie in ihrer Zeit nicht zur Expansion der Tierethik beitrugen, wie dies Singer mit seinem Werk und in seiner Zeit gelungen ist.

17 Vgl. Singer 2015.
18 Vgl. Plutarch 2015.

4 Die Grundströmungen

In den bisherigen Kapiteln haben wir eine Plattform dafür geschaffen, von der aus wir nun in tiefere Gefilde der Umweltethik vordringen können. Wir kennen die wichtigen Grundbegriffe und Definitionen, die uns im Weiteren begleiten werden, wenn wir nun daran gehen, die einzelnen Facetten der Umweltethik genauer zu betrachten. Es gibt nicht *ein* umweltethisches Argument, *eine* umweltethische Position und *eine* umweltethische Grundströmung. Es gibt mehrere, sogar sich gegenseitig ausschließende. In der Umweltethik wird produktiv gestritten. Und zwar nicht nur über Details, sondern auch über Grundsätzliches. Soll etwas in der außermenschlichen Natur *um seiner selbst willen* moralisch geachtet werden? Gibt es abseits des Menschen etwas, das ein moralisches Objekt sein könnte? Wäre ein Eichhörnchen ein solches Objekt? Eine Trauerweide? Ein Wald? Ein Tümpel? Oder gar der Pazifische Ozean? Die Frage, wer oder was Mitglied der moralischen Gemeinschaft ist, beantwortet ein dem Anthropozentrismus zuneigender Ethiker anders als eine dem Physiozentrismus zuneigende Ethikerin. Auf ihre Antworten werde ich in diesem Kapitel eingehen, denn je nachdem, wie man die Frage, was moralisches Objekt ist, beantwortet, folgen umweltethische Anschlussfragen.

Wenn man beispielsweise davon ausgeht, dass es in der außermenschlichen Natur moralische Objekte gibt und dass ein Eichhörnchen und der Pazifische Ozean moralische Objekte sind, dann steht das moralische Subjekt, also der Mensch, vor der Frage, wie es angesichts dieser Vielfalt an moralischen Objekten handeln soll. Angenommen, dass es viele und *verschiedenartige* moralische Objekte gibt: Wie sollen moralische Subjekte dann in moralischen Konfliktsituationen ihre Handlungsalternativen abwägen und priorisieren? Wenn nicht alle Interessen, Ansprüche und Bedürfnisse von allen moralischen Objekten, die von einer Handlung betroffen sind, gleichermaßen berücksichtigt werden können: Welches moralische Objekt ist dann wichtiger? Welches moralische Objekt soll mit seinen Interessen, Ansprüchen und Bedürfnissen moralisch bevorzugt werden?

Stellen wir uns beispielsweise vor, dass ein Immobilieninvestor und ein Bauherr planen, auf einem noch nicht erschlossenen Gelände eine Wohnsiedlung mit Schulen, Kindergärten und Geschäften zu errichten. Für die Bürgermeisterin, den Stadtrat, die Bewohner der Stadt und für jene, die in sie ziehen möchten, wäre der Bau der Wohnsiedlung ein Segen. Viele wollen in die bereits dichtbesiedelte Stadt ziehen oder innerhalb der Stadt umziehen. Die neue Wohnsiedlung wäre eine Chance. Nun gibt es aber ein Problem, auf das eine Umweltschutzgruppe aufmerksam macht. Ein nichtmenschliches moralisches Objekt, nämlich ein sehr seltener Frosch, ist auf dem Gelände heimisch. Wenn man die Wohnsiedlung baut, dann wird man den Frosch verdrängen. Vielleicht trägt man mit dem Bau sogar dazu bei, dass der Frosch aussterben wird. Man kann ihn auch nicht ohne Weiteres umsiedeln. Was ist zu tun? Wie sollen die moralischen Subjekte ihre Handlungsmöglichkeiten abwägen und welche sollten sie priorisieren? Soll die Wohnsiedlung gebaut werden oder darf der Frosch dort weiterleben?

Wahrscheinlich würden die meisten Menschen auf die Frage, ob die außermenschliche Natur geschützt werden soll, mit Ja antworten. Vermutlich besteht ein solcher Konsens. Man ist sich hier wohl einig – doch worüber genau? Die Befragten könnten, wenn man nachbohrend weiterfragt, unterschiedliche Gründe dafür angeben, warum sie das meinen, was sie meinen (erinnern wir uns an das Beispiel der Demonstrierenden Sabine und Michael, die jeweils »Rettet die Umwelt!« fordern).

Und sie könnten dann Unterschiedliches der außermenschlichen Natur nennen, das aus ihrer Sicht geschützt werden soll:

Sie könnten *erstens* ausschließlich Menschen mit ihren Bedürfnissen, Ansprüchen und Interessen für moralisch relevant halten. Sie würden dann darüber nachdenken, wie mit der außermenschlichen Natur *nur* angesichts von Menschen umgegangen werden darf und soll.

Sie könnten *zweitens* die außermenschliche Natur und deren Teile, zum Beispiel Tiere oder Ökosysteme, für moralisch relevant halten.

Sie könnten zudem unterschiedlich stark motiviert sein, den von ihnen genannten Gründen entsprechend zu handeln. Und unter der Voraussetzung, dass sie unterschiedliche Gründe für ihre moralischen Überzeugungen angeben und unterschiedlich stark motiviert sind, ihnen entsprechend zu handeln, kann dies in der Konsequenz zu unterschiedlichen praktischen Ergebnissen führen.

Dass es diese unterschiedlichen Grundströmungen und Positionen in der Umweltethik gibt, soll exemplarisch aufgezeigt werden. Dazu bediene ich mich zweier extremer Positionen, die in Reinform von wenigen vertreten werden. Aber mit ihnen können Unterschiede gut verdeutlicht werden. Die eine der beiden extremen Positionen wird polemisch als »Umwelt- oder Ökofaschismus« bezeichnet.[1] Kurz gesagt, vertreten von Kritikern als Ökofaschisten Bezeichnete die Ansicht, dass *vor allem* Ökosysteme, zu denen die Umwelt von Menschen und diese selbst gehören können, geschützt werden sollen. Ökosysteme halten sie ebenso für moralische Objekte wie die gesamte Biosphäre. Doch nicht nur das: Sie halten diese Systeme für die bedeutendsten moralischen Objekte. Diese Systeme selbst sollen also im Zentrum der moralischen Aufmerksamkeit stehen. Und zwar auch dann, wenn dies in letzter Konsequenz bedeuten würde, den Fortbestand der Menschheit zu verhindern. Warum? Weil laut ihrer Überzeugung die Menschheit den einzelnen Ökosystemen und dem Planeten Erde als Ganzem am nachdrücklichsten schadet. Weil es die Menschheit ist, die in tiefgreifendster Weise Ökosysteme in ihrer Integrität bedroht und den Planeten an den Rand seiner Zerstörung bringt. Weil es die Menschheit ist, die die gesamte außermenschliche Natur, von der sie doch abhängig ist, allzu oft ›mit Füßen tritt‹. Und weil letztlich nur das Ende der Menschheit dazu führen könnte, die außermenschliche Natur zu schützen. Der menschliche Faktor der Schädigung der Natur soll ausgeschaltet werden.

Dies ist der Gedankengang: Ein Ökosystem, das selbst als moralisches Objekt verstanden wird, beherbergt andere moralische Objekte, etwa Menschen. Ohne das Ökosystem würde es diese Individuen nicht geben. In diesem Ökosystem sind die in ihm existierenden Individuen voneinander und vom System *abhängig*. Die Individuen im System sind

1 Auch der Philosoph Tom Regan (1938–2017) hat den Begriff ›Ökofaschismus‹ benutzt (vgl. Dierks 2016a, S. 172).

ersetzbar. Das System wiederum kann auch ohne bestimmte Individuen bestehen. Besteht das System nicht mehr, gibt es auch keines *seiner* Individuen mehr. Darum steht (nun kommt der normative Übergang) das Ökosystem als Ganzes verstanden auch in moralischer Hinsicht über dem als kleiner Teil des Ganzen verstandenen Individuum. Das Ökosystem ist wichtiger als die einzelnen Individuen in ihm. Denn nicht jeder Teil ist für das Ganze wichtig. Mehr noch: Es gibt einzelne Teile, die das Ganze schädigen. Die das Ganze schädigenden Teile sollen entfernt werden, weil das System über allem steht. So denkt der sogenannte Ökofaschist.

Ganz anders denken diejenigen, die der extremen anthropozentrischen Position zuneigen. Sie denken, dass die außermenschliche Natur *ausschließlich* wegen der Menschen, also ausschließlich zur Sicherung der Lebensbedingungen und der Verfolgung ihrer Interessen, geschützt werden soll. Ansonsten ist die Natur moralisch irrelevant. Die außermenschliche Natur darf jederzeit und nach menschlichem Belieben für menschliche Zwecke benutzt und instrumentalisiert werden. Nur der Mensch hat ein Wohl. Nur der Mensch hat Interessen, und nur er weiß, dass er Interessen hat. Nur der Mensch ist zu moralischem Handeln fähig. Also ist allein er moralisch zu achten, nur er ist ein moralisches Objekt. Auch wenn das bedeuten könnte, dass Ökosysteme und ihre nichtmenschlichen Elemente dem Menschen weitreichend anzupassen und ihm untertan zu machen wären. Auch wenn das bedeuten könnte, dass Tier- und Pflanzenarten ausgerottet werden dürfen. Auch wenn das bedeuten könnte, dass das Verschmutzen bestimmter Gewässer mit Abfällen akzeptabel ist – zumindest bis zu dem Punkt, an dem die Schädigung dieser Gewässer Menschen schädigt. So denken diejenigen, die den extremen Anthropozentrismus vertreten.

Zwischen diesen beiden extremen Positionen in der Umweltethik tummeln sich weitere. Es besteht heute kein Konsens darüber, welche der zahlreichen Positionen man einnehmen soll; kein Konsens, welche am überzeugendsten ist; kein Konsens, welche am besten begründet ist. Dass es diesen Konsens heute nicht gibt, bedeutet allerdings nicht, dass es ihn nicht geben kann oder nie geben wird. Dies kann man nämlich allein daraus, dass es *jetzt* keinen Konsens gibt, nicht umstandslos schlussfolgern. Vielleicht wird man ihn irgendwann einmal erreichen.

Man kann es nicht oft genug sagen: Es ist nicht nur von theoretischem Interesse, dass es unterschiedliche Grundströmungen und Positionen in der Umweltethik gibt und wir bisher keinen Konsens haben. Es ist auch für die praktische Seite des Umgangs mit der außermenschlichen Natur wichtig. Denn unterschiedliche Überzeugungen und Positionierungen führen oft zu unterschiedlichen Handlungen und Reglementierungen, und zwar sowohl von Individuen als auch von Kollektiven. Wollte man sich eines politischen Vokabulars bedienen, könnte man von ›Lagern‹ in der Umweltethik sprechen, die zwei unterschiedlichen Grundströmungen zuzurechnen sind. Diese beiden Grundströmungen werde ich nun genauer beschreiben.

Anthropozentrismus gegen Physiozentrismus

In der Umweltethik prägen zwei Grundströmungen die Debatte, nämlich der Anthropozentrismus und der Physiozentrismus. Im Anthropozentrismus (von griech. *ánthrōpos* ›Mensch‹) steht der Mensch im Mittelpunkt. Im Physiozentrismus (von griech. *physis* ›Natur‹) steht die Natur im Mittelpunkt. Der Physiozentrismus gliedert sich in mehrere Positionen, ist also komplex. Auf die Grundströmungen und die physiozentrischen Positionen werde ich eingehen, indem ich zentrale anthropozentrische und physiozentrische Argumente nenne und kritisiere.

In umweltethischen Seminaren werde ich oft gefragt, ob man nicht gleichzeitig sowohl die eine als auch die andere Grundströmung vertreten kann. Muss man sich denn überhaupt entscheiden? Geht es nicht harmonischer? Die Antwort lautet: Nein. Es ist nicht möglich, beide Ansätze zugleich zu vertreten. Würde man dies versuchen, würde man sich hoffnungslos in Widersprüchen verfangen. Auf den Punkt gebracht: Es kann nur *ein* Zentrum geben. Entweder steht der Mensch im Mittelpunkt, wie im Anthropozentrismus, oder der Mensch steht nicht im Mittelpunkt, wie im Physiozentrismus. Man kann sich außerdem, wenn man den Physiozentrismus vertritt, nicht allen seinen Positionen zugleich verschreiben. Denn auch sie schließen einander aus (dazu später).

Als Vertreter der anthropozentrischen Umweltethik behaupte ich, dass der Mensch im Mittelpunkt steht. Entweder behaupte ich, indem ich den extremen anthropozentrischen Standpunkt einnehme, dass *ausschließlich* er ein moralisches Objekt ist. Dann wäre die Umweltethik, genau genommen, obsolet. Oder ich behaupte, einen gemäßigten anthropozentrischen Standpunkt einnehmend, dass in moralischen Konfliktfällen *in der Regel* die Bedürfnisse, Ansprüche und Interessen des Menschen die von anderen moralischen Objekten übertrumpfen. Grundsätzlich gilt: Jedes umweltethische Problem ist entsprechend dem Anthropozentrismus nur darum ein Problem, weil es den Menschen als moralisches Objekt betrifft. Jede umweltethisch relevante Frage kreist darum, was sie für den Menschen bedeutet und mit welchen Antworten welche Konsequenzen für ihn verbunden sind.

Wenn ich hingegen eine physiozentrische Umweltethik vertrete, dann behaupte ich, dass die Natur in ihren (auch außermenschlichen) Teilen oder als Ganzes in den Mittelpunkt gerückt werden soll. Unabhängig davon, welche Spielart des Physiozentrismus ich vertrete: Dem Menschen wird der moralische Sonderstatus, den ihm der Anthropozentrismus verleiht, entzogen. Je nach physiozentrischer Position können Bedürfnisse, Ansprüche und Interessen anderer Teile der Natur oder dieser als Ganzer diejenigen Bedürfnisse, Ansprüche und Interessen des moralischen Objektes Mensch übertrumpfen.

Man kann den Gegensatz zwischen den beiden Grundströmungen mit einem Gedankenexperiment des Philosophen Richard Routley[2] verdeutlichen: Stellen Sie sich vor, dass Sie der letzte Mensch auf dem Planeten Erde sind. Keine andere Menschenseele weit und breit. Der Planet gehört Ihnen. Stellen Sie sich außerdem vor, dass gesichert ist, dass

2 Auf Routleys *Last-Man*-Gedankenexperiment verweist unter anderem auch Attfield 2018, S. 4 f.

Ihnen keine Menschen auf dem Planeten Erde nachfolgen werden. Die Menschheit stirbt also mit Ihnen aus. Ist es in Anbetracht dieser Ausgangslage unangemessen, mit dem Planeten und seiner außermenschlichen Natur umzuspringen, wie es Ihnen beliebt? Ist es unangemessen, den Planeten zu verwüsten und zu verschmutzen, wenn Sie dazu in der Lage sind, dies für wünschenswert halten und es Ihnen voraussichtlich Befriedigung verschaffen wird? Unabhängig davon, für welche Handlungen Sie sich entscheiden und was Sie tun werden: Niemand außer Ihnen wird da sein, der die Konsequenzen Ihres Tuns kritisch in Augenschein nimmt. Niemand wird da sein, der Sie für Ihre Handlungen moralisch verantwortlich machen könnte. Es wird keinen anderen Menschen geben, der positiv oder negativ von Ihren Handlungen betroffen sein wird. Was dürften Sie dann tun?

Jene, die dem Anthropozentrismus zuneigen, werden sagen, dass es nicht unangemessen ist, mit dem Planeten Erde und seiner außermenschlichen Natur so umzugehen, wie es Ihnen als letztem Menschen beliebt. Sie dürfen tun und lassen, was Sie wollen. Und zwar darum, weil kein anderer Mensch mehr von Ihren Handlungen betroffen sein wird. Und weil Ihnen Ihr Handeln nützt oder Sie zumindest denken, dass es Ihnen nützt.

Jene, die dem Physiozentrismus zuneigen, werden sagen, dass es unangemessen ist, mit dem Planeten Erde und der ihm eigenen außermenschlichen Natur umzugehen, wie es Ihnen als letztem Menschen beliebt. Und zwar deshalb, weil sich Ihre Handlungen auf Tiere, andere Lebewesen, Ökosysteme und vielleicht auf den Planeten als Ganzes nachhaltig auswirken werden. Ihre Handlungen könnten andere Lebewesen schädigen und die moralisch relevante Integrität der außermenschlichen Natur zerstören.

Wir können uns auch eine alltagsnähere, weniger filmreife Szene vor Augen führen, um den Unterschied zwischen dem Anthropozentrismus und dem Physiozentrismus zu verdeutlichen. Stellen Sie sich die folgende Situation vor: Else tritt während eines Waldspaziergangs den Hund des ihr begegnenden Manfred, und zwar absichtlich und mit aller Kraft, weil sie sich von dem Bellen des Hundes belästigt fühlt. Man könnte nun das Verhalten der tretenden Frau als unklug bewerten, weil sie vielleicht infolge ihres Tritts von dem sich wehrenden Hund gebissen wird. Doch lassen sich auch *moralische* Gründe dafür angeben, dass das Treten des Hundes falsch sein kann.

Man könnte *erstens* behaupten, dass Else durch ihr unbesonnenes Verhalten zur moralischen Verrohung ihrer selbst beiträgt. Was ist damit gemeint? Damit ist gemeint, dass es unangemessen ist, den Hund zu treten, weil sich die Tretende durch dieses Verhalten selbst abstumpfen könnte. Vielleicht macht sie das Treten grundsätzlich gewaltbereiter. Diese Abstumpfung dürfe jedoch von einem zur Moralität fähigen Wesen nicht angestrebt, sondern solle vermieden werden. Und Else ist ein solches Wesen. Mit dem Tritt begeht sie einen moralischen Fehler sich selbst gegenüber: Sie würde mit ihrem unangemessenen Verhalten dazu beitragen, ihr eigenes moralisches Potenzial nicht auszuschöpfen. Bei dieser Beurteilung des Verhaltens der Frau geht es anthropozentrisch nur um den Menschen, und zwar in erster Linie nur um ihn als moralisches Subjekt.

Man könnte den Hund vor allem als Eigentum seines Halters Manfred ansehen und *zweitens* behaupten, dass Else den Hund deshalb nicht treten darf, weil sie damit das Eigentum des Hundehalters antastet und diesen dadurch schädigt. Die Frau füge somit dem Mann ein Übel zu. Fremdes Eigentum darf nicht beliebig vereinnahmt oder verletzt werden. Genau das aber tut Else: Sie tastet Manfreds Eigentum an, indem sie es tritt. Auch in dieser Beurteilung geht es anthropozentrisch gesehen nur um den Menschen, genauer: um Zwischenmenschliches. Es geht darum, wie wir Menschen miteinander umgehen sollen und dürfen. Hier spielen ausschließlich Menschen als moralische Subjekte und moralische Objekte zentrale Rollen.

Man könnte *drittens* behaupten, dass die Frau den Hund deshalb nicht treten darf, weil sie dadurch *ihm*, also dem Hund selbst, ein ihm merkliches Übel zufügt und sein Interesse daran, keine Schmerzen zu haben, missachtet. Else handelt demnach in erster Linie nicht deshalb unangemessen, weil sie sich selbst moralisch verroht oder den Eigentümer des Hundes schädigt, sondern deshalb, weil sie den Hund als moralisches Objekt schädigt. Hierbei geht es auf der Objektseite der Handlung also nicht mehr um den Menschen und seine zwischenmenschlichen Beziehungen. Physiozentrisch argumentierend rückt nun der Hund als Teil der außermenschlichen Natur und als moralisches Objekt in den Mittelpunkt der Beurteilung der Handlung und deren Folgen.

Damit haben wir drei unterschiedliche moralische Gründe gefunden, die man angeben könnte, um Elses Handlung als unangemessen zu bezeichnen. Doch könnten sie nicht *zusammen* genannt werden, um das Verhalten der Frau zu kritisieren? Gewiss lassen sich die drei Gründe zusammen anführen. Wenn man aber die dritte, also die physiozentrische Begründung für zutreffend hält, dann wäre es für die ethische Beurteilung der Handlung der Frau nur noch nebenbei wichtig, ob sie sich selbst moralisch verroht oder ob der getretene Hund jemandes Eigentum ist. Ein nicht zum Eigentum gewordener Hund, beispielsweise ein Streuner, dürfte ebenso wenig getreten werden wie einer, der jemandes Eigentum ist. Der Hund als schmerzempfindsames Wesen ist selbst und allein Grund genug, genau *ihn* moralisch zu achten und somit als moralisches Objekt anzusehen. Dies deshalb, weil es ihm etwas ausmacht, wie seine Umwelt, in diesem Fall ein Mensch, auf ihn einwirkt. Das Tier mit seinem wichtigen Interesse, unversehrt zu bleiben, wird mit dem Treten missachtet. Weil aber das Gegebensein von Interessen moralisch relevant ist, soll das Interesse beachtet werden. Beachtet man es nicht, begeht man einen moralischen Fehler. Im beschriebenen Fall *kann* das wichtige Interesse des Hundes, nicht getreten zu werden, ein weniger wichtiges Interesse der tretenden Frau, nämlich, dass das Bellen aufhört, übertrumpfen.

Der physiozentrisch argumentierende Umweltethiker geht also zum einen davon aus, dass sich das moralische Subjekt Mensch nicht nur auf Menschen oder vor allem auf Menschen als Adressaten und Betroffene seiner Handlungen konzentrieren soll. Zum anderen geht er davon aus, dass Interessen, Bedürfnisse und Ansprüche anderer natürlicher Wesen und Teile der außermenschlichen Natur diejenigen des Menschen übertrumpfen können.

Ein Verfechter des Physiozentrismus behauptet (an dieser Stelle kommen die verschiedenen physiozentrischen Positionen ins Spiel) entweder, dass alle leidensfähigen und schmerzempfindsamen Wesen moralische Objekte sind. Dann ist er ein Vertreter des Pathozentrismus. Oder er behauptet, dass all das, was lebt und strebt, moralisches Objekt ist. Dann handelt es sich um einen Vertreter des Biozentrismus. Oder er behauptet, dass ökologische Ganzheiten wie Ökosysteme moralische Objekte sind. Dann ist er ein Vertreter des Ökozentrismus. Oder er behauptet, dass die Natur, in Gänze und in ihren Teilen, moralisches Objekt ist. Dann ist er ein Vertreter des Holismus. Auf den Physiozentrismus und seine Positionen soll nach einer genaueren Betrachtung des Anthropozentrismus eingegangen werden.

Anthropozentrismus

Bevor drei zentrale anthropozentrische Argumente[3] – das Grundbedürfnisargument, das Naturästhetikargument und das pädagogische Argument – vorgestellt werden, muss geklärt werden, aus welchen Gründen Vertreter dieser Grundströmung von ihr überzeugt sind. Was spricht dafür, den Anthropozentrismus zu vertreten? Dafür muss die folgende Frage beantwortet werden: Warum sollte der Mensch

3 Die hier referierten Argumente sind vor allen anderen anthropozentrischen Argumenten zu berücksichtigen. Zudem können andere anthropozentrische Argumente unter sie subsumiert werden. Zu den anthropozentrischen Argumenten zählen Gesundheits- und Wohlbefindensargumente, das Heimatargument, das Menschenrecht-auf-Natur-Argument, das Designargument, das Argument vom Sinn des Lebens und das Argument der Pflichten gegenüber zukünftigen Generationen (vgl. Krebs 2016b, S. 364–377 und Ott 2010).

nicht nur das einzige moralische Subjekt sein, sondern auch das einzige – oder zumindest fast immer einzige – zu achtende moralische Objekt? Aus der Sicht von Kritikerinnen scheinen Einwände gegen den Anthropozentrismus auf der Hand zu liegen. Ein uns bereits bekannter Einwand lautet: Es kann doch nicht angemessen sein, Lebewesen, die keine Menschen, aber empfindungsfähig sind, aus dem Kreis der moralischen Gemeinschaft auszuschließen und sie wie Sachen behandeln zu dürfen. Empfindungsfähige Wesen wie Schweine oder Ziegen sind doch keine Sachen wie Bleistifte, Kaffeetassen oder Steine. Und das muss doch in der Ethik berücksichtigt werden! Dieser Einwand klingt einleuchtend. Wie kommt man dann aber darauf, den Anthropozentrismus für richtig zu halten?

Ein dieser Grundströmung zugrunde liegender Gedanke ist dieser: Vielleicht können vernünftigerweise nur solche Wesen zur moralischen Gemeinschaft gezählt werden, die fähig sind oder es zumindest sein könnten, zu verstehen, was eine moralische Gemeinschaft ist, also solche Wesen, die selbst eine moralische Existenz haben oder haben können, also moralische Subjekte sind oder sein können. Vielleicht verhält es sich so: Wer moralische Rechte beansprucht, also davon ausgeht, dass er Ansprüche hat, die von anderen nicht missachtet werden dürfen, muss auch moralischen Pflichten nachkommen können.[4] Es gibt, so die Philosophin Ursula Wolf (*1951), eine »Reihe von Auto-

4 Allerdings können auch einige Wesen, die zur Spezies Mensch gehören, etwa Kleinkinder und komatöse Patienten, *zurzeit* keinen moralischen Pflichten nachkommen. Dennoch würden die wenigsten auf den Gedanken kommen, ihnen moralische Rechte abzusprechen.

ren«, die behaupten, dass die Moral auf Tiere nicht anwendbar sei, »weil diese das Gerüst von Rechten, Pflichten usw. weder verstehen noch sich handelnd daran beteiligen können«[5]. Einfach formuliert: Wer moralische Achtung genießen und eigene Ansprüche geltend machen will, der muss moralisch auch etwas zurückgeben können. Und ein Wesen, das kein moralisches Subjekt sein *kann*, ist dazu nicht in der Lage. Mit Blick auf moralische Rechte und speziell auf Tiere bezogen, formuliert der Philosoph Carl Cohen (*1931) diesen Gedanken so:

> *Moralische Richtigkeit kommt in ihrer Welt* [in der Welt der Tiere] *nicht vor.* Im Gegensatz dazu sind »moralisch richtig« und »moralisch falsch« die wesentlichen Elemente des moralischen Lebens der Menschen, das allgegenwärtige Bewusstsein, dass Menschen Unrecht tun können und dass sie, indem sie […] versuchen, falsches Verhalten zu vermeiden, sich als Mitglieder einer moralischen Gemeinschaft erweisen, in der Rechte wahrgenommen werden können und beachtet werden müssen.[6]

Cohen bezieht sich ausdrücklich auf moralische Rechte, die Tieren nicht zugesprochen werden sollten. Er folgert allerdings nicht, dass Tiere wie Sachen behandelt werden dürfen, denn unsere Sorge solle auch ihnen gelten. Vertreter der extremen Variante des Anthropozentrismus würden an dieser Stelle schärfer formulieren. Sie würden sagen: »Es ist ein Fehler, etwas der außermenschlichen Natur, das selbst

5 Wolf 2018, S. 174.
6 Cohen 2018, S. 54.

nicht moralisch sein kann, *überhaupt* zum moralischen Objekt zu machen.« Vertreter gemäßigter Varianten des Anthropozentrismus können Cohens Ansicht hingegen problemlos zustimmen und zumindest einigen Teilen der außermenschlichen Natur einen moralischen Status zuerkennen, allerdings grundsätzlich einen niedrigeren Status als den des Menschen.

Dem extremen Anthropozentrismus steht der bereits genannte Einwand entgegen, der auch im Zusammenhang mit dem erwähnten Beispiel jener Frau, die einen Hund tritt, eine Rolle gespielt hat. Das jaulende und sich vor Schmerzen krümmende Tier sei doch keine *Sache*, so wie ein Federkiel eine Sache ist. Es gebe moralisch signifikante Unterschiede zwischen dem Tier und dem Federkiel. Letzterem kann ich kein ihm merkliches Übel zufügen, dem Tier schon. Es spreche daher etwas dafür, wenigstens einige andere Lebewesen neben dem Menschen in den Kreis der moralischen Gemeinschaft aufzunehmen. Unter anderem angesichts dessen tendieren einige Ethikerinnen und Ethiker zum gemäßigten Anthropozentrismus. In dessen Sinne nimmt der Mensch allerdings, wie erwähnt, einen moralischen Sonderstatus ein. Wir haben es dabei nicht mit einem grundsätzlichen Ausschluss der außermenschlichen Natur und ihrer Teile aus der moralischen Gemeinschaft, jedoch mit einer grundsätzlichen Bevorzugung des Menschen innerhalb der moralischen Gemeinschaft zu tun.

Warum ist der Mensch grundsätzlich zu bevorzugen? Dies kann mit besonderen Eigenschaften des Menschen wie etwa seiner Argumentations- und Einsichtsfähigkeit begründet werden. Diese Fähigkeiten hat kein anderes uns bekanntes Wesen. Die Bevorzugung kann auch damit begründet werden, dass Menschen aufgrund ihres Selbstbewusstseins intensiver zu leiden imstande sind als andere Lebewesen, die zwar auch leidensfähig sind, sich aber des Leidens nicht bewusst werden können, also nicht *wissen* können, dass sie leiden. Weiterhin kann der Sonderstatus des Menschen damit begründet werden, dass Menschen aufgrund ihrer Nähe zu anderen Menschen, besonders zu ihren Anvertrauten und Nächsten, mit diesen in bedeutenderen Beziehungen stehen als mit andersartigen moralischen Objekten. Die Bevorzugung des Menschen kann also damit begründet werden, dass *zwischenmenschliche* Verhältnisse eine besondere moralische Relevanz für moralische Subjekte haben.

Das Grundbedürfnisargument

Das Grundbedürfnisargument ist ein anthropozentrisch fundiertes Argument, für das die außermenschliche Natur ausschließlich instrumentell relevant ist, also als Mittel für einen nicht in ihr selbst liegenden Zweck dient. Es besagt, dass die außermenschliche Natur in Gänze oder in Teilen geschützt und bewahrt werden soll, weil *existenzielle* Bedürfnisse von Menschen ansonsten nicht befriedigt werden könnten. Dies ist einleuchtend. Menschen benötigen zum Überleben unbedingt sowohl ihre eigene als auch die außermenschliche Natur. Das Überleben und die Gesundheit von Menschen hängen unter anderem davon ab, dass es die außermenschliche Natur für den Menschen gibt und die Umwelt der Menschen möglichst intakt ist. Dies gilt für alle Menschen, unabhängig davon, ob sie auf dem Land, in einer mittelgroßen Stadt oder in einer Metropole leben. Die Umwelt des Menschen ist für ihn eine *conditio sine qua non*, eine Bedingung seiner Existenz, ohne die diese Existenz nicht möglich wäre.

Das auf dieser Einsicht, die auf der Hand liegt, basierende Grundbedürfnisargument wird auch »Angewiesenheitsargument«[7] oder »Basic-needs-Argument« genannt.

Die Philosophin Angelika Krebs führt in diesem Zusammenhang aus: »Das Basic-needs-Argument dominiert die allgemeine Naturschutzdiskussion und ist so einleuchtend, daß es kaum der philosophischen Ausbuchstabierung bedarf.«[8]

Das ist richtig. Allerdings sollten wir auch hierbei etwas voneinander unterscheiden, das stets voneinander zu unterscheiden ist. Dass Menschen existenziell auf ihre Umwelt angewiesen *sind*, ist eine empirische Tatsache. Ob deshalb die Umwelt des Menschen bewahrt werden *soll*, ist eine moralische Frage, die mit Normen, Werten und Zwecksetzungen verbunden ist. Allein aus einer empirischen Tatsache kann man – und dies gilt für jedes umweltethische Argument – keine normative Vorgabe ableiten. Denn aus dem *Sein* darf nicht unmittelbar ein *Sollen* gefolgert werden, wie es in der Philosophie heißt, weil in dem Sein allein kein Sollen enthalten ist. Was heißt das?

Sehen wir uns wieder einige Beispiele näher an, um diese Frage zu beantworten: Allein aus der Tatsache, dass es Menschen gibt, die andere Menschen betrügen, kann nicht geschlossen werden, dass Menschen andere Menschen be-

7 Vgl. Ott 2010, S. 18.
8 Krebs 2016b, S. 364.

trügen dürfen oder gar sollen. Allein aus der Tatsache, dass es Menschen gibt, die anderen Menschen helfen, kann nicht geschlossen werden, dass sie einander helfen sollen. Dass Menschen die Ozeane verschmutzen, ist eine empirische Tatsache. Dass sie es tun, sagt allein als Tatsache genommen jedoch nichts darüber aus, ob sie dies tun dürfen oder dies sogar tun sollen. Ob die Ozeane verschmutzt werden dürfen, ist eine moralische Frage. Wenn wir begründen sollen, warum Menschen die Ozeane verschmutzen oder nicht verschmutzen dürfen, müssen wir nicht in der empirischen Tatsache allein begründete, ethische Annahmen hinzufügen, etwa die, dass die Verschmutzung für viele Fische im Ozean ein *Übel* ist, ein Übel zu vermeiden ist und das Übel nicht damit überzeugend gerechtfertigt werden kann, dass Menschen aus der Verschmutzung einen Vorteil ziehen. Beispielsweise könnten Fabrikanten ihre Güter kostengünstiger herstellen, wenn sie ihre bei der Produktion entstehenden Abwässer ungeklärt in Flüsse und in den Ozean leiten. Allein aus der Tatsache, dass Ozeane verschmutzt werden, ergibt sich nicht selbstverständlich die ethische Einschätzung, dass es unangemessen ist, die Ozeane zu verschmutzen. Auch nicht das Gegenteil. Es bedarf eines normativen Bindeglieds, um die Angemessenheit oder Unangemessenheit zu begründen.

Wollte man das Grundbedürfnisargument angreifen, müsste man begründen, warum man dazu beitragen darf, dass es künftig vielleicht keine Menschen mehr wird geben können. Oder wie es gerechtfertigt werden kann, Menschen, die jetzt existieren, schwerstes Leid anzutun, indem man die Befriedigung ihrer Grundbedürfnisse durch eine dann zerstörte außermenschliche Natur unmöglich macht.

Oder warum man Menschen, die vielleicht in der Zukunft leben könnten, die Chance auf eine eigene Existenz verwehren darf.

Oft wird dem Grundbedürfnisargument allerdings auch kein Begründungs- oder Rechtfertigungs-, sondern ein Implementationsproblem unterstellt. Dabei geht es dann um das Problem, wie man das, was das Argument zu tun fordert, vollumfänglich umsetzen kann. Wie genau gelingt es, möglichst allen Menschen, auch den künftig lebenden, eine funktionstüchtige außermenschliche Natur zu hinterlassen? Was muss dafür heute von einzelnen Individuen und Kollektiven getan werden? Wie bringt man Individuen und Kollektive dazu, mit Blick auf alle, die auf eine intakte Umwelt angewiesen sind, also auf alle Menschen, unabhängig davon, wo und wann diese leben und wo und wann sie geboren werden, angemessen zu handeln, zu produzieren und zu wirtschaften? Die größte Herausforderung für Vertreterinnen des Grundbedürfnisarguments besteht nicht in seiner Rechtfertigung, sondern in seiner praktischen Durchsetzung.

Das Naturästhetikargument

Ein anthropozentrisches Argument, in dem die außermenschliche Natur instrumentell und eudämonistisch relevant ist, ist das Naturästhetikargument. ›Instrumentell‹ bedeutet hier, dass die außermenschliche Natur als Mittel für einen nicht in ihr selbst liegenden Zweck dienen soll. Einfach gesagt: Man benutzt sie, bewusst und absichtlich, um etwas ganz Bestimmtes für sich selbst zu erreichen.

›Eudämonistisch‹ meint hier, dass die außermenschliche Natur grundsätzlich als Element eines *guten* oder *gelingenden* menschlichen Lebens verstanden wird – und zwar auch dann, wenn man sie nicht bewusst und absichtlich nutzt, um etwas ganz Bestimmtes zu erreichen. Man braucht die außermenschliche Natur nicht nur, um überhaupt leben zu können, wie es das Grundbedürfnisargument behauptet, sondern auch, um ein gutes Leben führen zu können. Das Naturästhetikargument besagt, dass die außermenschliche Natur deshalb ganz oder in Teilen geschützt und bewahrt werden soll, weil andernfalls bestimmte ästhetische Bedürfnisse des Menschen nicht befriedigt werden können. Der Ursprung des Begriffs ›Ästhetik‹ liegt im griechischen Wort *aisthánesthai*, das ›wahrnehmen‹ bedeutet.

Worauf gründet das Argument?

Erstens suchen zum Beispiel viele Menschen, die in urbanisierten Regionen leben, einen Ausgleich zum städtischen Leben in Wäldern, Reservaten oder in der Wildnis, der ihnen notwendig zu sein scheint. Sie wollen, wie es dann oft heißt, ›raus in die Natur‹. Sie möchten abseits der hochgradig kultivierten Lebensräume, die sich Menschen geschaffen haben, etwas *anderes* als diese kultivierten Räume sehen. Sie erhoffen sich davon Positives für ihr Leben, beispielsweise das Erreichen eines inneren Ausgleichs oder in eine angenehme Stimmung versetzt zu werden. Sie setzen sich ein Ziel und verfolgen es. Sie sagen: »Um mich besser zu fühlen und zur Ruhe zu kommen, begebe ich mich in die Natur. Darum möchte ich beobachten, was im Wald vor sich geht. Darum möchte ich den Wellengang verfolgen. Darum möchte ich die Schafe auf der Weide grasen sehen.« Generell gilt: Den Menschen bieten Erlebnisse mit und in der außermenschlichen Natur, unabhängig davon, wo sie leben, Erfahrungen, die sie ansonsten nicht machen könnten und die sie zu haben manchmal bewusst anstreben. Wenn man sie bewusst anstrebt, dann versucht man, die außermenschliche Natur zu nutzen, um einen für sich selbst gesetzten Zweck zu erreichen. Besonders mit Blick auf in ferner Zukunft lebende Menschen stellt sich hierbei die Frage, ob wir, die wir heute leben, die außermenschliche Natur so verwüsten dürfen, dass wir ihnen, den in Zukunft Lebenden, derartige Erfahrungen absehbar verwehren.

Zweitens bietet uns die außermenschliche Natur die Möglichkeit, etwas zu erleben, das als »ästhetische Kontemplation« (nach lat. *contemplari* ›betrachten‹ oder ›bedenken‹) bezeichnet wird.

Was bedeutet das? Unter »ästhetischer Kontemplation« versteht man, so Krebs unter Bezugnahme auf den Philosophen Martin Seel (*1954), »die nicht-funktional [man kann dies übertragen mit ›nichtinstrumentell‹] geleitete, aktive Wahrnehmung eines Gegenstandes oder einer Situation«[9]. Vieles in der außermenschlichen Natur lade in besonderer Weise zu dieser Art Wahrnehmung und Betrachtung ein.

Was zeichnet sie aus? Sie *geschieht*. Sie ist absichtslos. Sie ist nicht von mir aus zweckgerichtet und instrumentalisierend ausgerichtet worden wie im Fall instrumenteller Naturästhetik. Mit ihr lasse ich mich auf die Eigenart der Gegenstände ein. Ich überlasse mich, indem ich sie wahrnehme, ihrem Einfluss. Und diese Gegenstände der außermenschlichen Natur können von besonderem ästhetischem

9 Ebd., S. 370.

Wert sein, etwa »zarte Rosen, bizarre Felsformationen, majestätische Redwood-Bäume, der Horizont des Meeres«[10].

Diese Art Wahrnehmung gehört laut manchen Autorinnen und Autoren sogar *objektiv* zum guten Leben des Menschen dazu: Ein gutes Leben kann also nur derjenige haben, der so wahrnimmt und betrachtet. Diese Art Wahrnehmung stellt damit eine notwendige Bedingung für ein Leben, in dem man seine möglichen Potenziale entfaltet, dar. Die Bedingung ist nicht allein ursächlich dafür, ein gutes Leben zu haben, doch muss sie vorhanden sein, um ein gutes Leben haben zu können. Es handelt sich in diesem Argument im Gegensatz zum Grundbedürfnisargument nicht um etwas Existenzielles im strengen Sinn des Begriffs, sondern es geht um die Bewahrung der Teile der außermenschlichen Natur, die bewahrt werden sollen, um die gute Existenz des Menschen zu gewährleisten.

Dieses Argument wirft unterschiedliche Probleme auf (zwei sollen im Folgenden genannt werden):

Zum einen sucht und findet nicht jeder Mensch einen solchen Ausgleich oder ästhetische Kontemplation in der außermenschlichen Natur und hält die Erfahrungen, die mit dieser verknüpft sind, für erstrebenswert und wichtig. Vielleicht sind einige der Ansicht, dass der Blick auf ihr Smartphone genügend Kontemplation bietet. Eine Wildwiese im Sommerwind zu betrachten, bringt ihnen nichts. Sie halten ihr Leben dennoch für ein gutes Leben. Und es ist nicht absurd, dass sie es für ein solches halten: Würde unter dieser Voraussetzung nicht die starke Annahme aufgehoben, dass ein in der Natur gewonnener Ausgleich und

10 Ebd.

eine dort gemachte Erfahrung unabdingbar zur guten menschlichen Existenz zählen? Kann man dann noch mit dem Naturästhetikargument den allgemeinverbindlichen Umweltschutz begründen? Der Ausgleich und entsprechende Erfahrungen sind für viele, aber nicht für alle relevant. Und wenn beides nicht für alle relevant ist, wird die Bedeutung eines solchen Ausgleichs und einer solchen Erfahrung vielleicht überschätzt.

Zum anderen können Kritiker dieses Arguments behaupten, dass man die außermenschliche Natur artifiziell ohne signifikanten Wahrnehmungs- und Erfahrungsverlust für den Menschen ersetzen kann. Eine altmodische Kritikerin könnte sagen: »Vielleicht genügt schon das Betrachten von Gemälden von Monet oder van Gogh, um in ausreichender Weise etwas von der außermenschlichen Natur zu sehen und sie zu erfahren.« Eine neumodische Kritikerin könnte sagen: »Vielleicht ist die zum Verwechseln ähnliche Rekonstruktion außermenschlicher Natur in einer rein künstlichen Welt, etwa einer virtuellen Realität, möglich.«

Krebs kritisiert die Annahme, dass man die Naturwahrnehmung und die ästhetische Kontemplation in einer rein künstlichen Welt imitieren kann, indem sie darauf hinweist, dass sie auf einem »technokratischen Utopismus« basiert. Die vollumfängliche künstliche Rekonstruktion und die Ersetzung der außermenschlichen Natur seien zwar denkbar, doch die technischen Bedingungen für sie sind noch nicht gegeben: Und vielleicht wird es sie nie geben. Krebs führt aus:

> Logisch unmöglich […] ist die totale Nachahmung oder Ersetzung aisthetischer Natur durch eine aisthetische

Artefaktenwelt nicht, aber der Glaube, dies sei hier und heute oder morgen machbar, zeugt von technokratischem Utopismus.[11]

In Bezug auf naturästhetische Erfahrungen und die ästhetische Kontemplation ist im Gegensatz zu vermeintlich kompensierenden kunstästhetischen Erfahrungen zweierlei festzuhalten:

Erstens ist es eine Tatsache, dass die außermenschliche Natur in ihrer Wildheit, Größe, Weite und Umfassendheit nicht vom Menschen gemacht worden ist. Dies macht sie zu etwas, das anders erfahrbar ist als alles vom Menschen Erschaffene oder Gemachte. Die außermenschliche Natur ist das *andere*, das nicht in jeder Hinsicht imitiert werden kann.

Zweitens ist keineswegs ausgemacht, dass ästhetische Qualitäten des Natürlichen, also Qualitäten dessen, was nicht vom Menschen erschaffen wurde, so kopiert, variiert und ersetzt werden können, dass diese für ein gutes Leben des Menschen überflüssig werden, weil ihm die künstliche Kopie den Ausgleich bietet, den er anstrebt oder dessen er bedarf.

Das pädagogische Argument

Ein weiteres anthropozentrisches Argument, in dem die außermenschliche Natur instrumentell relevant ist, können wir besser verstehen, indem wir es mit dem Beispiel

11 Ebd., S. 369.

der Frau, die während eines Waldspaziergangs den Hund eines Mannes tritt, in Verbindung bringen. Erinnern wir uns: Man kann es falsch finden, dass die Frau den Hund tritt, weil sie sich dadurch moralisch abstumpfen und verrohen könnte. Denn wer einmal über die Stränge schlägt, tut dies in der Folge vielleicht wieder und wieder. Derjenige ist dann vielleicht enthemmt. Und wenn eine solche Verrohung erst einmal eingetreten ist, wird es für den Tretenden oder Schlagenden immer schwerer und schwerer, sich seiner Eigenschaft zu versichern, ein moralisches Wesen zu sein. Es wird für ihn schwerer und schwerer, angemessen zu handeln oder möglicherweise überhaupt darüber nachdenken zu können, was es bedeutet, angemessen zu handeln. Es wird für ihn schwerer und schwerer, sich moralisch vervollkommnen zu wollen und zu können. Wer einmal den Pfad der Tugend verlassen hat, findet nur schwer auf ihn zurück.

Das anthropozentrisch ausgerichtete pädagogische Argument geht auf den Philosophen Immanuel Kant (1724–1804) zurück. In seiner Schrift *Metaphysik der Sitten* aus dem Jahr 1797 weist er darauf hin, dass es einen guten Grund dafür gibt, mit der außermenschlichen Natur achtsam umzugehen; dass es einen guten Grund gibt, erzieherisch darauf zu achten, sorgsam mit ihr umzugehen. Dieser gute Grund liege allerdings nicht in der außermenschlichen Natur und ihrer Beschaffenheit selbst, sondern gewissermaßen in uns moralischen Subjekten als zur Moralität fähigen Wesen.

Was genau heißt das? Kant führt aus: Wenn wir mit der außermenschlichen Natur unachtsam und sorglos umgehen, dann erfüllen wir eine bestimmte Pflicht *uns selbst ge-*

genüber nicht. Wir erziehen uns selbst nicht richtig, wenn wir diese Pflicht missachten.

Welche Pflicht ist gemeint? Nach Kant handelt es sich um die Pflicht, als zur Moralität fähige Wesen diese Moralität nicht zu zerstören oder verkümmern zu lassen. Vielmehr noch: Wir haben die Pflicht, uns moralisch weiterzuentwickeln.[12] In der *Metaphysik der Sitten* geht Kant sowohl auf unseren Umgang mit der unbelebten als auch auf den mit der belebten außermenschlichen Natur ein:

> In Ansehung des Schönen, obgleich Leblosen in der Natur ist ein Hang zum bloßen Zerstören [...] der Pflicht des Menschen gegen sich selbst zuwider: weil es dasjenige Gefühl im Menschen schwächt oder vertilgt, was zwar nicht für sich allein schon moralisch ist, aber doch diejenige Stimmung der Sinnlichkeit, welche die Moralität sehr befördert, wenigstens dazu vorbereitet, nämlich etwas auch ohne Absicht auf Nutzen zu lieben [...]. In Ansehung des lebenden, obgleich vernunftlosen Teils der Geschöpfe ist die gewaltsame und zugleich grausame Behandlung der Tiere der Pflicht des Menschen gegen sich selbst weit inniglicher entgegengesetzt, weil dadurch das Mitgefühl an ihrem Leiden im Menschen abgestumpft und dadurch eine der Moralität im Verhältnisse zu anderen Menschen sehr diensame natürliche Anlage geschwächt und nach und nach ausgetilgt wird [...].[13]

12 Unter der Voraussetzung, dass man *keine* Pflicht gegenüber sich selbst hat oder haben kann, lässt sich das pädagogische Argument in dieser Fassung nicht halten und müsste zumindest abgeändert werden.

13 Kant 2011, 1. Teil, 1. Buch, 2. Hauptstück, § 17, S. 329 f.

Darum soll sowohl mit Steinen, um ein Beispiel für etwas möglicherweise Schönes der unbelebten außermenschlichen Natur zu nennen, als auch und besonders mit Tieren nicht achtlos umgegangen werden. Um die Entwicklung der eigenen Moralität zu ermöglichen und dies als Ziel nicht aus den Augen zu verlieren, soll man sich mit Blick auf die außermenschliche Natur nicht gehenlassen. Wer achtlos seine Blumen nicht wässert, der ist unaufmerksam und wird sich vielleicht auch sonst gehenlassen. Wer aus Bequemlichkeit dazu neigt, seinen Abfall nicht ordentlich zu entsorgen und stattdessen auf der Wiese zu hinterlassen, der lässt sich bereits gehen. Und wer aus Neugier oder aus Langeweile eine Katze quält, der hat sich bereits sehr weit gehen lassen. Er ist bereits moralisch abgestumpft. Vielleicht wird er gar dazu übergehen, auch Menschen wie Sachen zu behandeln. Er hat seine Pflicht zur Wahrung und Vervollkommnung seines moralischen Wesens aus den Augen verloren.

Wie ist das pädagogische Argument einzuschätzen? Das Argument, über dessen bestmögliche Formulierung und überzeugendste Fassung man streiten kann, ist durchaus plausibel. Es ist nicht absurd. Es ist nicht vernunftwidrig. Aber zum einen ist empirisch und psychologisch genau zu klären, ob die behauptete Kausalität besteht, ob also die achtlose Behandlung von Steinen, Pflanzen oder Tieren mit einer gewissen Wahrscheinlichkeit die Bereitschaft zur achtlosen Behandlung von Menschen nach sich zieht. Zum anderen ist es fragwürdig, ob wir angesichts der möglichen grausamen Behandlung von Tieren nicht einen anderen, besseren und plausibleren Grund dafür haben, sie nicht so behandeln zu dürfen. Kant meint, dass wir mit Blick auf

Tiere, genau wie im Fall von Steinen, nur eine *indirekte* Pflicht haben, achtsam mit ihnen umzugehen.

Was bedeutet das? Weil wir eine *direkte* Pflicht uns selbst gegenüber haben, sollen wir mit anderem in einer bestimmten Weise umgehen; dies ist dann eine indirekte Pflicht, die sich von der direkten Pflicht ableitet. Mehr sei nicht zu berücksichtigen.

Warum aber sollte die Behandlung von Tieren überhaupt moralisch relevant und folgenreich sein, wenn sie keine moralischen Objekte sind? Wenn uns ihr Leid selbst doch kaltlassen müsste? Wie kann es sein, dass es uns verrohen würde, mit etwas, das selbst moralisch nicht der Achtung würdig ist, unachtsam umzugehen? Die Philosophin Friederike Schmitz (*1982) stellt die Frage so: »Wenn Tiere eigentlich kein Mitgefühl verdienen, weil sie nur Mittel sind, warum sollte eine grausame Behandlung dann eine abstumpfende Wirkung haben?«[14]

Doch sind sie *ausschließlich* Mittel? Sind sie ausschließlich als Mittel anzusehen, die moralische Subjekte gebrauchen können, um moralisch besser zu werden? Kritikerinnen des pädagogischen Arguments halten etwas anderes für weit überzeugender: Wenn sich die unachtsame Behandlung von Tieren auf ein moralisches Subjekt auswirkt, es mit ihnen mitleidet und dies auch erkennt, dann liegt dies daran, dass Tiere *selbst* moralische Objekte sind. Und wenn sie dies sind, dann ist ihre unachtsame Behandlung vor allem, wenigstens aber auch um *ihretwillen* unangemessen. Wer dieser Argumentation folgt, hat sich bereits auf den physiozentrischen Weg begeben.

14 Schmitz 2017, S. 39.

Physiozentrismus

Nun werde ich auf die zentralen physiozentrischen Positionen eingehen, nämlich den Pathozentrismus, den teleologischen Biozentrismus, den Ökozentrismus und den Holismus. Alle diese Positionen haben eines gemeinsam: Sie *eint*, dass in ihnen der Mensch nicht mehr das einzige moralische Objekt, wenigstens nicht mehr das einzig wichtige ist. Doch bestehen auch Unterschiede: Sie *trennt*, dass sie unterschiedliche nichtmenschliche moralische Objekte identifizieren. Man kann dies auch so ausdrücken: Sie eint die grundsätzliche Kritik am Anthropozentrismus, sie trennt jedoch das, was sie als moralisches Objekt neben den Menschen oder an seine Stelle als besonders wichtiges moralisches Objekt treten lassen. Die Umwelt des Menschen, andere Lebewesen und deren Umwelten oder die Natur als Ganzes werden je nachdem, welchem physiozentrischen Argument man folgt, als moralische Objekte verstanden. Unabhängig davon, welche Spielart des Physiozentrismus man auch betrachtet: In jeder von ihnen wird dem Menschen ein anderer, neuer Platz zugewiesen. In der moralischen Gemeinschaft trifft er nun auf moralische Objekte, die ihm teilweise ähneln, wie beispielsweise einige Tiere, und die teilweise andersartig sind, wie zum Beispiel Gewässer. Physiozentrisch argumentierende Ethiker sind sich sicher: Der Mensch ist in dieser Gemeinschaft nicht mehr allein, steht nicht mehr nur unter seinesgleichen und möglicherweise nicht mehr an erster Stelle.

Ein Autor, der die Entwicklung der physiozentrischen Umweltethik maßgeblich vorangetrieben hat, war der Biologe Aldo Leopold. In seiner Schrift *A Sand County Alma-*

nac macht er auf die neue moralische Rolle des Menschen in einer an der außermenschlichen Natur orientierten Ethik aufmerksam. Die angestammte moralische Rolle bestand, so Leopold, in der des Eroberers der außermenschlichen Natur. Der Mensch durfte sie sich untertan machen. Die Eroberin durfte mit dem Boden tun, was ihr beliebte, solange sie nicht die moralischen Rechte einer anderen Eroberin verletzte oder sich selbst schadete. Der Eroberer durfte in der Regel eine Spezies ausrotten, wenn es ihm beliebte, solange er damit nicht die moralischen Rechte eines anderen Eroberers verletzte oder sich selbst schadete. Daran nahm fast niemand Anstoß.

Leopold hingegen ist anderer Ansicht. Er betont, dass die Rolle des Menschen in einer physiozentrischen Umweltethik neu zu definieren ist. Die moralische Gemeinschaft sei neu zu denken. Denn sie sei die »Gemeinschaft des Natürlichen«. Der Mensch sei ein Teil dieser Gemeinschaft. Und in einer echten Gemeinschaft gebe es keinen Platz für einen Eroberer, der sich andere Gemeinschaftsmitglieder untertan macht. In einer solchen Gemeinschaft sei der Mensch bloß noch ein einfaches »Mitglied« und »Bürger«.[15]

Neben Leopolds Versuch, die moralische Rolle des Menschen neu zu definieren, wurden in der physiozentrischen Umweltethik weitere Versuche unternommen, auch solche, entsprechend denen der Mensch zwar eine herausgehobene Stellung in der gesamten Natur innehat, aber gemeinschaftsdienlich agieren soll. So bezeichnet der Ökologe Frank Fraser Darling den Menschen nicht als »einfaches Mitglied«, sondern als »Aristokraten« in der Gemeinschaft

15 Vgl. Leopold 1986, S. 240.

des Natürlichen. Ein Aristokrat ist ein Herrscher. Doch ist er kein egoistischer, nur auf die Befriedigung seiner eigenen Bedürfnisse pochender Eroberer. Der Aristokrat ist ein guter, ja: Er ist der beste Herrscher. Das steckt zumindest in dem Begriff ›Aristokrat‹. Als Einziger, der dazu fähig ist, habe der Mensch die große Aufgabe des guten Herrschers, die Natur zu bewahren und zu schützen.[16]

Alle Versuche, die moralische Rolle des Menschen neu zu definieren, eint etwas. Sie fordern, dass der Mensch sein moralisches Verhältnis zur außermenschlichen Natur neu entdecken und neu interpretieren soll. Als moralische Subjekte sollen sich Menschen nicht mehr nur die Frage stellen, wie sie mit ihresgleichen, sondern auch, wie sie mit dem Rest der Natur *um seiner selbst willen* umgehen sollen.

Angesichts dessen könnte man denken, dass der Mensch im physiozentrischen Denken eigentlich unbedeutend ist oder es werden könnte. Soll er nur noch eine kleine Nebenrolle spielen? Nein, denn in gewisser Weise ist dies gar nicht möglich. Auf der Subjektseite *kann* der physiozentrische Umweltethiker gar nicht von einer Nebenrolle des Menschen ausgehen. Da der Mensch das einzige moralische Subjekt ist, *muss* er in jeder Ethik, unabhängig davon, ob diese anthropozentrisch oder physiozentrisch ausgerichtet ist, eine wichtige Rolle spielen. Wer oder was sonst sollte über ethische Prinzipien und Regeln des Handelns nachdenken und ihnen entsprechend handeln können? Nur vom Menschen kann Moral ausgehen. Nur der Mensch kann das moralisch Angemessene bestimmen.

In der Umweltethik wird diese Tatsache als »epistemi-

16 Vgl. Fraser Darling 1980.

scher Anthropozentrismus«[17] bezeichnet. Das einzige Wesen, das ethisch erkenntnisfähig ist, ist der Mensch. Nur er hat ethisches Wissen oder kann es haben. Dies streiten auch die Vertreterinnen des Physiozentrismus nicht ab. Doch darf aus ihrer Sicht aus dem *epistemischen* Anthropozentrismus nicht abgeleitet oder gefolgert werden, dass es einen *normativen* Anthropozentrismus gibt: Nur deshalb, weil der Mensch das einzige uns bekannte Wesen ist, das ethisch erkenntnisfähig ist, ist er nicht zwangsläufig das einzige, das moralisch zu achten ist. Das eine ergebe sich nicht aus dem anderen.

Doch *was* genau ist neben dem Menschen noch moralisch zu achten? Eine Vertreterin des Physiozentrismus könnte behaupten, dass alle leidensfähigen und schmerzempfindsamen Wesen zur moralischen Gemeinschaft gehören, andere und anderes nicht. Eine andere Vertreterin dieser Grundströmung ist der Ansicht, dass alle Lebewesen Teil dieser Gemeinschaft sind. Die nächste behauptet, dass ganze Ökosysteme statt einzelner Lebewesen im Mittelpunkt der moralischen Aufmerksamkeit stehen sollten. Und die letzte Vertreterin des Physiozentrismus behauptet, dass die Natur als Ganzes moralisches Objekt ist.

Im Sinne dieses letzten Ansatzes, den man als Holismus bezeichnet, scheint es keinen Mittelpunkt mehr zu geben, auf den man sich konzentrieren könnte, und zwar deshalb, weil die Natur als Ganzes moralisch geachtet werden soll. Man kann, wenn man diesen Ansatz vertritt, nicht mehr auf etwas Bestimmtes, auf einen Teil der Natur zeigen und

17 Krebs 2016b, S. 343.

behaupten, dass genau das moralisch zu achten ist, anderes der Natur aber nicht.

Im Folgenden werde ich die einzelnen physiozentrischen Positionen durchgehen, zuerst den Pathozentrismus, dann den teleologischen Biozentrismus, den Ökozentrismus und abschließend den Holismus. Die Reihenfolge ist nicht zufällig gewählt. Denn mit jeder Position ab dem Pathozentrismus entfernt man sich immer deutlicher vom Anthropozentrismus. Die moralische Gemeinschaft wird mit jeder weiteren Position größer, reichhaltiger und unübersichtlicher.

Der Pathozentrismus berücksichtigt mehr Lebewesen als bloß den Menschen, allerdings nicht alle und nicht die gesamte außermenschliche Natur. Der teleologische Biozentrismus berücksichtigt alle Lebewesen als moralische Objekte, jedoch sonst nichts. Der Ökozentrismus berücksichtigt Ökosysteme als moralisch wichtig oder prioritär. Der Holismus berücksichtigt schließlich die Natur insgesamt als moralisches Objekt. Das Argument des Pathozentrismus ist folglich das physiozentrisch schwächste. Das soll allerdings nicht heißen, dass es auch gleich das argumentativ schwächste Argument sein muss. Das Argument des Holismus ist das physiozentrisch stärkste. Doch bedeutet dies nicht unbedingt, dass es das argumentativ stärkste Argument ist.

Das Argument des Pathozentrismus

Der Pathozentrismus hat in den vergangenen Jahrzehnten besonders zum Aufschwung der Tierethik beigetragen.

Denn seine Vertreter argumentieren, dass alle schmerzempfindsamen und leidensfähigen Wesen moralisch wichtig sind. Und viele Tiere sind solche Wesen. Der griechische Begriff *páthos* bedeutet übersetzt ›Leiden‹ oder ›Schmerz‹.

Was besagt das Argument des Pathozentrismus? Es behauptet, dass die Eigenschaften, leiden und Schmerz empfinden zu können, die notwendigen und hinreichenden Bedingungen dafür sind, dass jemand oder etwas moralisch beachtet werden soll. ›Notwendig‹ bedeutet hier, dass jemand oder etwas leidensfähig und schmerzempfindsam sein muss, um als moralisches Objekt zu gelten. ›Hinreichend‹ bedeutet, dass jemand oder etwas keine weiteren Eigenschaften neben der Leidensfähigkeit und der Schmerzempfindsamkeit haben muss, um als moralisches Objekt zu gelten.

Betrachten wir das Argument des Pathozentrismus genauer. Wir wissen bereits dies: Jedes *x* – dies könnte ein Tier oder etwas anderes sein, das Leid oder Schmerz empfinden kann – soll als moralisches Objekt anerkannt werden. Wie kommen die Vertreterinnen dieses Arguments darauf? Sie kommen darauf, weil dieses *x* in einer bestimmten Weise von den Handlungen moralischer Subjekte betroffen sein kann. Die Handlungen können ein für *x* spürbares Übel bewirken. Ein Handelnder kann *x* etwas antun, das es negativ beeinflusst und in unangenehmer Weise, empfindlich, trifft.[18] Wenn *x* fähig ist, zu leiden

18 Es kann Fälle geben, in denen das Zufügen von Schmerz aus pathozentrischer Perspektive moralisch nicht verwerflich sein muss. Um nur ein Beispiel zu nennen: Wenn ein Patient wegen eines wichtigen medizinischen Eingriffs kurzzeitig Schmerzen erleidet, um nicht langfristig leiden zu müssen, dann ist der

und Schmerz zu empfinden, dann darf ich *x* nicht als eine Sache ansehen und entsprechend behandeln. Der Pathozentrismus vertritt diese Maxime: »Halte jedes schmerzempfindsame und leidensfähige Wesen nicht für eine Sache und versuche, zur Vermeidung seines Schmerzes und Leids beizutragen!«

Nun könnte man gegen den Pathozentrismus folgenden Einwand ins Spiel bringen: Wie können wir denn wissen, dass andere Wesen als der Mensch Schmerzen haben und leiden können? Denn nicht jedes *x*, das anscheinend leiden und Schmerz empfinden kann, kann dies auch eindeutig zum Ausdruck bringen. Wenn *x* dies aber nicht kann, dann bestehen doch berechtigte Zweifel darüber, wie *x* wirklich empfindet oder ob *x* überhaupt etwas empfindet. Nur der Mensch kann darüber, wie es ihm geht, sprechen. Nur er kann dem Ausdruck geben, dass er leidet und Schmerzen hat.

Dieser Einwand überzeugt Vertreter des Pathozentrismus nicht. Denn für das *x*, welches kein Mensch ist und nicht sprechen kann, kann vernünftigerweise angenommen werden, dass es leiden und Schmerz empfinden kann. Und man kann stellvertretend für *x* sprechen. Stellvertretend kann man seinen Status als moralisches Objekt behaupten und verteidigen.

Zugegeben: Zwar verfügen nichtmenschliche Lebewesen nicht über eine Sprache, in der Begriffe wie ›Übel‹ und ›Interesse‹ vorkommen. Ebenso wenig sind sie in der Lage, eine Handlungsregel zu formulieren und über die Ange-

Eingriff gemäß dem Pathozentrismus nicht bereits als solcher moralisch falsch.

messenheit von Handlungen nachzudenken. Und sie sind nicht in der Lage, Schmerzen mit Worten zu beklagen. Jedoch ist dies aus der Sicht von Vertretern des Pathozentrismus auch gar nicht notwendig. Denn wir haben andere gute Anhaltspunkte dafür, dass bestimmte nichtmenschliche Lebewesen leiden und Schmerz empfinden können, wie etwa ihre Art des Ausdrucks und Verhaltens sowie bestimmte körperliche Beschaffenheiten. Die Mimik, Laute und Bewegungen vieler nichtmenschlicher Lebewesen interpretieren wir als Belege für das Empfinden von Schmerz und Leid. Dies tun wir deshalb, weil diese Äußerungen große Ähnlichkeiten mit bestimmten menschlichen Ausdrücken des Empfindens von Schmerz und Leid aufweisen. Mehr noch: Es scheint absurd zu sein, einem Menschen, der über keine Sprache verfügt, jedoch sein Gesicht verzieht und einen gequälten Laut ausstößt, wenn seine Hand auf eine heiße Herdplatte gedrückt wird, abzusprechen, dass er in diesem Moment Schmerzen hat.

Zumindest solche Lebewesen, die jaulen, hinken, schreien, sich in Ecken verziehen, die Essensaufnahme verweigern können und Menschen in relevanten Hinsichten ähnlich sind, sind Wesen, von denen wir mit guten Gründen annehmen, dass wir ihnen spürbare Übel zufügen können. Vielleicht sind noch mehr Wesen als die zuletzt genannten pathozentrisch relevant. Es besteht sehr wohl ein Problem, in jedem Fall genau zu bestimmen, wer oder was das pathozentrische Kriterium, moralisches Objekt zu sein, erfüllt.

Ein Beispiel: Es gibt Lebewesen, die Menschen gar nicht ähneln, sich aber so verhalten, als würden sie flüchten und sich zu retten oder etwas abzuwehren versuchen, wenn sie beispielsweise mit einer Pinzette berührt oder in eine Säure gelegt werden. Wie sind diese Reaktionen zu interpretieren? Sind dies Reaktionen auf die Zufügung eines von diesen Wesen bemerkten, gespürten Übels? Oder sind es davon unabhängige Reaktionen auf einen Umwelteinfluss? Die Antworten auf diese Fragen sind umstritten.

Es ist naheliegend, dass die Zufügung eines Übels wie Leid oder Schmerz der ethischen Rechtfertigung bedarf. Denn es ist anscheinend moralisch relevant, jemandem oder etwas spürbares Leid zuzufügen oder eine Schmerzempfindung zu verursachen – oder dies nicht zu tun, und zwar unabhängig davon, wer oder was betroffen ist. Angesichts von Tieren, die in Anlagen der Massentierhaltung eingeschlossen sind, auf engstem Raum leben und schreckliche Laute von sich geben, wenn sie zur Schlachtbank geführt werden, halten es viele Menschen für offensichtlich, dass mit diesen Tieren anders umgegangen werden soll, weil sie leiden und Schmerzen empfinden. Den Standpunkt, diese Tiere als Sachen anzusehen und zu behandeln, weisen diese Menschen zurück. Wenn es im deutschen Tierschutzgesetz in der Änderungsfassung vom Juni 2020 heißt, dass jemand, der »ein Tier hält, betreut oder zu betreuen hat«, die Möglichkeit des Tiers »zu artgemäßer Bewegung nicht so einschränken« darf, »dass ihm Schmerzen oder vermeidbare Leiden oder Schäden zugefügt werden«, dann spiegelt sich darin das mit dem pathozentrischen Argument Geforderte wider.

Doch der Pathozentrismus ist nicht unumstritten. Eine Kritik besagt, dass er physiozentrisch nicht weit genug geht. Zwar werden mit ihm im Vergleich zum Anthropozentrismus mehr Lebewesen als Menschen beachtet,[19] und der moralische Status von nichtmenschlichen Lebewesen wird gestärkt. Doch wird die moralische Gemeinschaft dadurch nicht deutlich vergrößert, obwohl sie deutlich vergrößert werden sollte. Kritiker bemängeln, dass mit dem Argument des Pathozentrismus vieles der außermenschlichen Natur ohne gute Begründung oder sogar willkürlich moralisch weiterhin nicht beachtet wird. Wenn nur die Leidensfähigkeit und die Schmerzempfindsamkeit die notwendigen und hinreichenden Bedingungen dafür sind, ein moralisches Objekt zu sein, dann wird vieles der außermenschlichen Natur nicht in die moralische Gemeinschaft aufgenommen.

Warum sollte ich jedoch davon überzeugt sein, dass genau diese zwei Eigenschaften und nur diese beiden Eigenschaften diejenigen sind, von der moralische Beachtung oder Nichtbeachtung abhängen? Kritiker wie der Biologe und Philosoph Martin Gorke (*1958) weisen darauf hin, dass wir es im Rahmen des Pathozentrismus mit einem willkürlichen Ausschluss von sehr vielem der außermenschlichen Natur zu tun haben. Eigentlich sei dieser Ausschluss unmoralisch. Denn es gleiche einem bloßen Machtausspruch, einen Teil der Natur zur moralischen Gemeinschaft zu zählen, einen anderen nicht.[20] Kritiker des Pathozentrismus aus dem physiozentrischen Lager be-

19 Tatsächlich ist ein Argument, in dem mehr Lebewesen moralisch beachtet werden als in einem anderen, nicht allein aus diesem Grund bereits ein besseres Argument. Denn sowohl Nichtbeachtung als auch Beachtung sind rechtfertigungsbedürftig. Das Motto »Je inklusiver, desto moralisch besser!« muss nicht immer richtig sein.

20 Siehe hierzu Gorke 2018.

haupten nicht, dass die Leidensfähigkeit und die Schmerzempfindsamkeit moralisch irrelevant sind oder sein müssen. Doch fragen sie, warum ausschließlich sie moralisch relevant sein sollten. Wer so nachfragt und produktiv etwas gegen den Pathozentrismus halten möchte, muss allerdings entweder andere Eigenschaften vorschlagen, die jemand oder etwas haben muss, um ein moralisches Objekt zu sein. Oder er muss plausibel erläutern, warum es überhaupt keiner besonderen Eigenschaften bedarf, um ein moralisches Objekt zu sein.

Außerdem wird bemängelt, dass mit dem Pathozentrismus Wesen, die bislang als der moralischen Gemeinschaft zugehörig galten, nun aus dieser ausgeschlossen werden. Denn was ist beispielsweise mit Menschen, die schmerzunempfindlich und nicht leidensfähig sind? Vielleicht gibt es Menschen, die nicht leiden können und solche, die keinen Schmerz verspüren. Was ist mit Menschen, die nicht ansprechbar im Krankenbett liegen und von denen kaum gesagt werden kann, ob sie sich irgendetwas bewusst sind? Zugegeben: Die Anzahl dieser Menschen ist sehr klein. Dennoch: Sind sie unter den Vorgaben des Pathozentrismus nun plötzlich nicht mehr moralisch relevant und sollen sie wie Sachen behandelt werden dürfen?

Zusätzlich bekommen jene, die dem Argument des Pathozentrismus zustimmen, in moralischen Konfliktsituationen ein Abwägungs- und Entscheidungsproblem. Dieses Problem tritt, allerdings in Variationen, bei jedem physiozentrischen Argument auf. Verdeutlichen wir uns dies an einem Beispiel:

Nehmen wir *erstens* an, dass Matthias, ein erwachsener Mann, vom Pathozentrismus überzeugt ist.

Nehmen wir *zweitens* an, dass sich Matthias in einer Situation befindet, in der mehrere Menschen und weitere leidensfähige Wesen eine Rolle spielen.

Nehmen wir *drittens* an, dass Matthias in der Situation nicht anders kann, als einem dieser moralischen Objekte Leid anzutun. Eines wird leiden müssen. Vielleicht wird es Matthias selbst sein, seine Frau Yifang oder sein Sohn Adrian, sein Nachbar Olrik, ein Meerschweinchen oder ein Schimpanse.

Was soll das moralische Subjekt Matthias dann tun? Will er nicht würfeln oder ausknobeln, wen er leiden lassen soll, sondern eine ethisch wohlbegründete Entscheidung anstreben, muss er verschiedene Alternativen gegeneinander abwägen. Er muss darüber nachdenken, welche Entscheidung für welches moralische Objekt was bedeutet. Anschließend wird er eine Entscheidung verantworten und am Ende eine Handlung ausführen müssen, die nicht für alle moralischen Objekte in dieser Situation ideale oder wünschenswerte Folgen haben wird.

Nicht nur Vertreter des Pathozentrismus haben es in der Regel mit der ethischen Analyse von moralischen Konfliktsituationen zu tun, in denen nicht allen Bedürfnissen, Ansprüchen und Interessen der beteiligten moralischen Objekte Genüge getan werden kann. Es handelt sich dabei um Situationen, in denen es umstritten ist, zugunsten welcher moralischen Objekte entschieden werden soll. Beispielsweise gibt es Vertreterinnen des Pathozentrismus, die es zwar tragisch finden, dass bei Tierversuchen Tiere Schmerz erfahren, vielleicht sogar leidvoll sterben. Zugleich sind sie aber der Ansicht, dass die Durchführung zumindest einiger Tierversuche angemessen ist, und zwar deshalb, weil deren Zweck darin besteht, lebensnotwendige Medikamente für Menschen zu erproben. Sie sagen: Der zu erwartende Gewinn rechtfertigt die tragischerweise entstehenden Kosten und Mittel.

Es gibt aber auch Vertreter des Pathozentrismus, die die Durchführung dieser Tierversuche kritisieren und sie für moralisch falsch halten. Ihnen ist der genannte Nutzen bewusst, doch vermuten sie, dass der Schmerz und das Leid der Tiere während dieser Versuche unvergleichlich schlimmer ist als der Schmerz und das Leid der Menschen, die keine Medikamente erhalten werden, gerade weil Tiere nicht über Schmerz und Leid nachdenken können – weil sie sich von Schmerz und Leid nicht ›wegdenken‹ können, wie es ein Mensch eventuell kann. Sie können nicht einmal versuchen, an etwas anderes zu denken, wenn sie Schmerzen haben und leiden. Sie können sich nicht damit trösten, dass es schon wieder besser werden wird. Sie *sind* im Schmerz und Leid.

Hier soll in der Diskussion verschiedener voneinander differierender pathozentrischer Einschätzungen zu Tierversuchen das Folgende angedeutet werden: Wer das Argument des Pathozentrismus für überzeugend hält, hat in moralischen Konfliktsituationen aufgrund *verschiedenartiger* moralischer Objekte ein Problem der Abwägung und Entscheidung zwischen Alternativen. Dass es dieses Problem gibt, spricht nicht per se gegen den Pathozentrismus. Sich für ihn zu entscheiden, würde aber nicht das Ende aller ethischen Arbeit bedeuten. Mit der Entscheidung wäre diese Arbeit nicht erledigt, nur der wichtige Anfang wäre geschafft.

Eine weitere physiozentrische Position, mit der für die moralische Beachtung zumindest eines Teils der außermenschlichen Natur plädiert wird, ist der teleologische Biozentrismus.[21] Wieder haben wir es mit schwierigeren Begriffen zu tun. Was bedeutet ›Teleologie‹? Und was bedeutet ›Biozentrismus‹? ›Teleologie‹ setzt sich aus zwei griechischen Begriffen zusammen, nämlich *télos* und *lógos*, die ›Ziel‹ oder ›Zweck‹ und ›Lehre‹ oder ›vernünftige Rede‹ bedeuten. Das griechische Wort *bios* bedeutet im Deutschen ›Leben‹. Es geht also um eine Lehre, in deren Zentrum das Leben mit seinen Zielen und Zwecken steht. Es geht hierbei also nicht, wie im Pathozentrismus, um eine Lehre, in deren Zentrum nur die Wesen stehen, die leidensfähig und schmerzempfindsam sind.

Welches Argument formulieren jene, die der Position des teleologischen Biozentrismus folgen? Sie behaupten, dass jedes Lebewesen allein schon aufgrund seiner bloßen Existenz als Lebewesen etwas ist, das eigene Zwecke verfolgt, die zu seinem Wohl beitragen. Dabei sei es moralisch gesehen nicht wichtig, ob es über Bewusstsein, Schmerzempfindsamkeit oder Leidensfähigkeit verfügt. Es ist allein schon deshalb ein moralisches Objekt und keine Sache, weil es selbst ihm wohltuende Zwecke verfolgt. Wie ist dies zu verstehen?

Hilfreich ist hier das Beispiel eines Lebewesens, das laut

21 Die folgenden Ausführungen lehnen sich an Paul W. Taylors biozentrische Konzeption an. Es gibt jedoch weitere biozentrische Varianten. Siehe hierzu Engels 2016.

Anthropozentrismus und Pathozentrismus nicht als moralisches Objekt anzuerkennen ist. Stellen wir uns vor, dass wir uns in einem Park befinden. Wir sehen eine sehr hoch gewachsene, wunderschöne Buche. Sie steht in ihrer ganzen Pracht vor uns. Nun fragen wir uns, wie wir die Buche ethisch einordnen sollen: Darf ich alles mit ihr anstellen, was mir in den Sinn kommt? Wir haben keinen guten Anhaltspunkt dafür, dass sie Schmerzen haben kann. Wir haben keinen guten Anhaltspunkt dafür, dass sie irgendeine Art von Bewusstsein hat. Würden wir dem Pathozentrismus folgen, würden wir die Buche deshalb nicht zur moralischen Gemeinschaft zählen. Würden wir dem Anthropozentrismus folgen, müssten wir uns die Frage nach der ethischen Einordnung der Buche gar nicht erst stellen, denn sie zu stellen wäre schlicht abwegig. Vertreter des teleologischen Biozentrismus behaupten hingegen, dass die Buche zur moralischen Gemeinschaft gehört. Sie wenden sich damit gegen den Pathozentrismus und den Anthropozentrismus.

Warum behaupten sie das? Es ist unstrittig, dass eine Buche die natürliche Anlage hat, sich in einer bestimmten Weise zu entwickeln, beispielsweise zu wachsen. Diese Fähigkeit, sich zu entwickeln, kann als ihr *Zweckerfüllungsversuch* als individuelles Lebewesen interpretiert werden. Es liegt in ihrer Natur, zu wachsen und zu gedeihen. Es handelt sich um empirisch gesicherte Tatsachen, dass es diese Anlage gibt und die Buche im Regelfall wachsen wird. Die Entwicklung selbst ist ein Prozess.

Worin besteht nun die moralische Relevanz der Anlage und der Entwicklung, der Tatsache und des Prozesses? Vertreter des teleologischen Biozentrismus behaupten: Die moralische Relevanz besteht darin, dass man einer Buche, die ein Wohl haben und wachsen und gedeihen kann, somit auch ein Übel zufügen kann, und zwar selbst dann, wenn sie es nicht bemerkt und verspürt, wenn sie also von dem Wohl oder dem Übel kein Bewusstsein hat, und auch dann, wenn sie kein bewusstes Interesse an ihrem Wohl hat.

Die Buche strebt nicht bewusst danach, zu wachsen und zu gedeihen. Sie daran zu hindern, sei aber deshalb moralisch problematisch, weil man ihrer inneren Strebung, die ihr Wohl befördert, zuwiderhandelt. Man kann vernünftigerweise nicht behaupten, dass der Buche etwas wehtut. Doch kann man durchaus sagen, dass etwas ›nicht gut‹ für die Buche ist. Und dies ist nicht vernunftwidrig. ›Nicht gut‹ ist für sie das, was ihr Wohl als individuelles Lebewesen, dem ein bestimmtes Streben durch seine natürliche Anlage *wesenseigen* ist, missachtet und durchkreuzt.

Welche Probleme ergeben sich aus dem Argument des teleologischen Biozentrismus? Auch hier stellt sich in moralischen Konfliktsituationen die Frage nach der Abwägung, Priorisierung und Entscheidung. Sind Mensch, Tier und Baum als moralische Objekte grundsätzlich gleich moralisch zu achten? Und wenn nicht, warum nicht? Wenn doch, warum? Wie genau wäre ein Baum moralisch zu achten? Wie soll ein moralisches Subjekt Abstufungen vornehmen und einschätzen, welches moralische Objekt in welcher Situation moralisch gegenüber einem anderen vorzuziehen ist?

Es drängt sich die Vermutung auf: Wenn alle Lebewesen moralische Objekte wären, dann würde die Entscheidungsfindung eines moralischen Subjekts in einer moralischen Konfliktsituation äußerst schwierig sein. Wenn ich als moralisches Subjekt immer mehr Lebewesen moralisch achten und mich fragen soll, wie ich mit ihnen umgehen darf, dann wird es immer komplizierter, angemessen zu handeln. Es spielen immer mehr und verschiedenste Interessen, Ansprüche und Bedürfnisse eine Rolle.

Doch auch für das Argument des teleologischen Biozentrismus gilt: Nur deshalb, weil mit ihm etwas komplizierter wird, ist es nicht falsch. Die auftretenden Schwierigkeiten sprechen nicht per se gegen dessen Überzeugungskraft. Erst einmal müssen jedoch die Schwierigkeiten, die hier auftreten, festgehalten werden: Durch die Erweiterung des Kreises der moralischen Gemeinschaft ergibt sich auch im Fall des teleologischen Biozentrismus das typische Anschlussproblem physiozentrischer Ansätze, nämlich das Problem der Abwägung, Hierarchisierung, Bevorzugung oder Nichtbevorzugung von moralischen Objekten in moralischen Konfliktsituationen.

Ein anderes Problem betrifft den teleologischen Biozentrismus, nicht aber den Pathozentrismus, nämlich das Problem des nicht vorhandenen Bewusstseins auf der Objektseite.

Um das Problem zu verstehen, schlage ich einen kurzen Umweg ein. Der Philosoph Thomas Nagel (*1937) hat Mitte der 1970er-Jahre einen Text mit dem Titel *What Is it Like to Be a Bat?* (*Wie ist es, eine Fledermaus zu sein?*) veröffentlicht. Darin kommt Nagel zu dem Schluss, dass wir die Frage niemals werden befriedigend beantworten können, und zwar unabhängig davon, wie viel wir über die Beschaffenheit des Fledermausgehirns in Erfahrung bringen.[22] Warum

22 Vgl. Nagel 2018.

dies laut Nagel so ist, ist hier nicht entscheidend. Dass es so ist, können wir erst einmal annehmen. Und zugleich können wir etwas anderes gut begründet annehmen, nämlich, dass die Fledermaus aufgrund ihrer körperlichen Beschaffenheit und Lebensweise doch irgendeine Art von Bewusstsein hat, wie minimal oder speziell auch immer ausgeprägt dies sein mag. Mit Blick auf die Buche wäre es hingegen abwegig, zu behaupten, sie habe irgendeine Art von Bewusstsein. Wenn aber etwas kein Bewusstsein hat, dann ist die mögliche ethische Zuschreibung, dass ihm ein Übel beigebracht wird, eine bloße Fremdzuschreibung. Kurz: Das ihr zugefügte Übel bemerkt die Buche nicht. Man kann die Vertreterin des teleologischen Biozentrismus also kritisch fragen: Was genau macht es moralisch aus, wenn mein Verhalten dem Baum selbst merklich nichts ausmacht?[23]

Eine damit verbundene Überlegung hat die Philosophin Krebs ins Spiel gebracht: Nehmen wir einmal an, dass es der Fledermaus etwas ausmacht, wenn ihre Zwecke durchkreuzt werden; dass es mir etwas ausmacht, wenn meine Zwecke durchkreuzt werden; und dass es der Buche nichts ausmacht, wenn ihre Zwecke durchkreuzt werden. Nehmen wir außerdem an, dass die Zwecke der Fledermaus und der Buche sowie meine Zwecke, also in allen Fällen Zwecke durchkreuzt werden. Ist die Durchkreuzung in allen Fällen moralisch relevant? Mit Blick auf die Zwecke der Buche könnten einige versucht sein, die Frage mit Nein zu

23 Formuliert man die Frage um, sieht man jedoch schnell, dass hier moralisch Problematisches lauert oder lauern könnte: Was genau macht es moralisch aus, wenn mein Verhalten einem komatösen Patienten merklich nichts ausmacht? Darf er dann wie eine Sache behandelt werden?

beantworten. Ihre Zwecke seien moralisch nicht relevant, denn sie *bemerkt* und *setzt* sie nicht. Die Verfolgung ihrer Zwecke durch sie geschehe einfach, während ein Mensch zumindest einige seiner Zwecke festlegt, auswählt und handelnd nach ihrer Erfüllung strebt. Sollten wir dann nicht genauer auf den Zweckbegriff und seine moralische Relevanz schauen?

Krebs schlägt genau dies vor. Ihr zufolge muss man zunächst sehen, dass es unterschiedliche Zweckbegriffe gibt. Zusätzlich muss man bedenken, dass dies im Argument des teleologischen Biozentrismus nicht ernsthaft genug berücksichtigt wird. Es gibt nämlich den Begriff eines praktischen Zwecks und den Begriff eines funktionalen Zwecks. Zweck ist nicht gleich Zweck. Was heißt das und warum ist das für uns interessant?

Praktische Zwecke verfolgen, streng genommen, nur handelnde Wesen. Sie entscheiden, etwas Bestimmtes zu tun, und tun dies und nicht anderes. Funktionale Zwecke können auch künstliche Gebilde und Artefakte, die dazu konstruiert wurden, verfolgen. Beispielsweise verfolgt der Computer den Zweck, sich nach bestimmten Eingaben und Regeln abzuschalten. Darin besteht aber genau genommen nicht *sein* Zweck. Er verfolgt ihn, weil *andere* möchten, dass er ihn verfolgt, und alles dafür getan haben, dass er ihn verfolgen kann. Nur der praktische Zweck ist laut Krebs moralisch an sich relevant, und zwar deshalb, weil der Erfolg des Zweckstrebens, also die Zweckerfüllung, *für* die Strebenden bedeutsam ist. Eine Buche verfolge aber vielleicht bloß funktionale, keine praktischen Zwecke. Darin würde sie manchen Artefakten gleichen, die wir nicht als moralische Objekte ansehen.

Diese Verbindung zwischen Computer und Buche könnte überraschen und irritieren. Bestehen zwischen den Zwecken des Artefakts und denen des Naturobjekts nicht doch moralisch relevante Unterschiede? Krebs führt aus:

> Das Verfolgen von Zwecken [gemeint sind praktische] ist Teil des guten Lebens. Handelnden liegt an ihren Zwecken […]. Thermostate und Computer verfolgen funktionale Zwecke, ihnen liegt nicht an ihren Zwecken […]. Moralischer Respekt ist Respekt für das, woran anderen liegt, für ihr subjektiv gutes Leben. Wäre dieser Satz falsch, dann müßten wir die funktionalen Zwecke von Thermostaten, Computern und Autos auch da, wo sie unseren Zwecken zuwiderlaufen, um ihrer selbst willen respektieren. Dies ist absurd. Verfolgen Pflanzen […] nur Zwecke im funktionalen Sinne, dann haben ihre Zwecke somit keinen moralischen Wert.[24]

Doch verfolgen Pflanzen nur Zwecke im funktionalen Sinn? Ist es moralisch nicht relevant, dass sie Zwecke verfolgen? Wer glaubt, dass es moralisch relevant ist, muss entweder zeigen, dass Pflanzen Zwecke im praktischen Sinn verfolgen – doch scheint es unangemessen zu sein, sie als ›handelnde Wesen‹ zu bezeichnen. Oder er muss zeigen, dass ein moralisch relevanter Unterschied zwischen den funktionalen Zwecken, die nichthandelnde Lebewesen verfolgen, und den funktionalen Zwecken, die Artefakte verfolgen, besteht. Offenbar gibt es mindestens einen Unterschied zwischen solchen Lebewesen und Artefakten.

24 Krebs 2016b, S. 354.

Man kann darauf hinweisen, dass Lebewesen ›aus sich heraus‹, also spontan Zwecke verfolgen, um sich zu entwickeln und natürliche Anlagen auszuprägen, während Artefakte ›von außen‹ aufgegebene, vom Menschen einprogrammierte oder eingebaute Zwecke verfolgen. Und man könnte behaupten, dass genau dies der moralisch relevante Unterschied ist.

Das Argument des Ökozentrismus

Eine weitere physiozentrische Position ist der Ökozentrismus. Das griechische Wort *oĩkos* bedeutet ›Haus‹ oder ›Haushaltung‹. Würde man es wörtlich verstehen, dann würde es im Ökozentrismus also um ein Haus gehen, das im Mittelpunkt steht. Doch ist dies nicht gemeint. Es geht nicht um das Haus, das Menschen errichten, um darin zu wohnen. Es geht, im übertragenen Sinn, um das ›Haus der Natur‹ oder um ›Häuser der Natur‹. Was heißt das?

Für den Ökozentrismus steht das *Systemisch-Überindividuelle* der außermenschlichen Natur, wie ein See oder ein Wald, im Mittelpunkt des ethischen Interesses. Es geht ihm nicht mehr um einzelne Lebewesen. Das Systemisch-Überindividuelle muss gegeben sein, damit einzelne Lebewesen in ihm und durch es existieren können. Im Zentrum moralischer Aufmerksamkeit soll dasjenige der außermenschlichen Natur sein, das Lebewesen ›Obdach‹ gewährt, also das, was Lebewesen als eine Lebensgemeinschaft mit der unbelebten Natur zusammenhält. Es geht um das, *in dem* sie als Lebewesen gedeihen können und ohne dessen Dauerhaftigkeit, Stabilität und Integrität sie nicht existieren könnten. Wenn Lebewesen ohne das ›Haus‹ nicht sein können, dann muss laut den Vertretern des Ökozentrismus das ›Haus‹ selbst moralisch geachtet werden und ihm ist sogar manchmal der Vorrang gegenüber anderen moralischen Objekten einzuräumen.

Der dem Argument des Ökozentrismus zugrunde liegende Ausgangspunkt ist klar: Ohne Umwelt und Umgebung gibt es keine Lebewesen. Daraus folgt: Wenn es ein Lebewesen gibt, dann muss es dessen Umwelt und Umgebung geben. Ähnliches lässt sich ebenfalls im anthropozentrischen Grundbedürfnisargument finden. Doch der Ökozentrismus geht von diesem Ausgangspunkt aus, um zu einer vollkommen anderen Schlussfolgerung als im Grundbedürfnisargument zu gelangen. Zu Beginn sind sich Vertreter des Anthropozentrismus und des Ökozentrismus einig: Menschen sind existenziell auf ihre Umwelt angewiesen. Sie sind angewiesen auf die Ökosysteme, in denen sie leben. Ohne ihre Umwelt würde es sie nicht geben können. Dann aber gehen sie getrennte Wege: Im Grundbedürfnisargument wird mit Zusatzannahmen der normative Schluss gezogen, dass die außermenschliche Natur geschützt werden soll, damit Menschen leben können. Im Gegensatz dazu wird im Ökozentrismus mit Zusatzannahmen der normative Schluss gezogen, dass die zur Umwelt und den Ökosystemen gehörenden Teile funktionieren und dazu beitragen sollen, deren Bewahrung zu sichern. Sie kommen zu dem Schluss: Ökosysteme sind selbst moralische Objekte. Und mehr noch: Sie sollen manchmal prioritär, also vor allem anderen moralisch geachtet werden.

Wir haben es im Fall des Ökozentrismus mit einem Paradigmenwechsel zu tun. Das Argument des Ökozentrismus weicht von den Argumenten, die wir bisher kennengelernt haben, grundsätzlich ab. Was ist damit gemeint? Sowohl anthropozentrische Argumente als auch das Argument des Pathozentrismus und das des teleologischen Biozentrismus rücken auf der Objektseite einzelne Lebewesen in den Fokus. Diese stehen allein im Mittelpunkt des ethischen Interesses. Im Fall des Ökozentrismus verhält es sich anders. Einzelne Lebewesen mit ihren Interessen, Ansprüchen und Bedürfnissen sollen unter Umständen als moralisch weniger wichtig erachtet werden als der Teil der außermenschlichen Natur, der sie birgt und beherbergt.

Was ist von dem Argument des Ökozentrismus und dem Paradigmenwechsel zu halten? Der vorgestellte Ausgangspunkt ist unstrittig: Ökosysteme sind für einzelne Lebewesen existenziell wichtig. Doch wie stützen Vertreter des Ökozentrismus dann die ethische Annahme, dass Ökosysteme eigenwertig sind und *um ihrer selbst willen* moralisch geachtet werden sollen? Vieles spricht gegen die Annahme, etwa die Tatsache, dass ein Ökosystem wie ein See oder ein Wald keine der uns bislang bekannten Eigenschaften aufweist, die etwas dafür qualifiziert, als moralisches Objekt anerkannt werden zu sollen. Warum ist das so?

Erstens: Ein Ökosystem wie ein Wald ist kein moralisches Subjekt.

Zweitens: Ein Ökosystem wie ein See verspürt keinen Schmerz. Ein See leidet nicht. Ein See hat kein Bewusstsein.

Drittens: Ein Ökosystem ist kein strebender Organismus.

Zugegeben: Letzteres ist umstritten. Denn es wurden

Versuche unternommen, Ökosysteme als strebende Organismen zu interpretieren. Der Wissenschaftler James Lovelock (*1919) hat die sogenannte »Gaia-Hypothese« formuliert: Der Planet Erde, hier in mythologischer Anlehnung personifiziert als Gaia, wird als ein *Superorganismus* angesehen, also als etwas, das selbst strebsam ist, gut oder schlecht behandelt werden kann und Übel kennt. Diese Hypothese und ähnliche werden allerdings, so der Biologe und Philosoph Jan Dierks (*1973), »unter Ökologen kaum noch vertreten«[25].

Kann man unter dieser Voraussetzung vernünftigerweise annehmen, dass Ökosysteme moralische Objekte sind? Und mehr noch: Kann man ernsthaft die These vertreten, dass sie unter Umständen jene moralischen Objekte sind, die vor allen anderen geachtet werden sollen? Dies könnte man nur dann annehmen, wenn man entweder eine neue Eigenschaft identifizieren kann, die Ökosysteme als moralische Objekte auszeichnet, oder dann, wenn man einen der zuvor genannten Einwände mit guten Gründen zurückweisen kann. Von Leopolds Buch *A Sand County Almanac* bis zur »Gaia-Hypothese« von Lovelock wurde versucht, Ökosysteme, vom kleinsten bis hin zum Planeten Erde, mit einer der bekannten Eigenschaften, die ein moralisches Objekt auszeichnen könnte, in Verbindung zu bringen. Es wurde beispielsweise versucht, den Schluss zu ziehen, dass der Planet Erde ein Wohl und Interessen hat und Zwecke verfolgt, die ihm nicht bewusst sind; dass er somit der Buche ähnelt, wie sie im teleologischen Biozentrismus gesehen wird.

25 Dierks 2016a, S. 174.

Nehmen wir einmal an, dass die ökozentrische Argumentationsstrategie aufgeht. Was würde das in der Konsequenz praktisch, was würde es besonders für den Menschen bedeuten? In Bezug auf den Menschen führt der Ökozentrismus zu Handlungsregeln und Normen, die sich auf den Menschen drastisch auswirken könnten. Über den Ökofaschismus als eine extreme Spielart ökozentrischen Denkens wurde bereits gesprochen.[26] Kurz zur Erinnerung: Ihm zufolge wäre die Ausrottung der Menschheit angemessen, denn die Menschheit fügt dem großen und übergreifenden Ökosystem Planet Erde am meisten Schaden zu. Weniger drastisch, aber für das Leben vieler Menschen ebenfalls einschneidend, dürfte die Forderung sein, den Geburtenrückgang weltweit zu fördern. Denn je mehr Kinder weltweit geboren werden, desto stärker wird der Planet Erde belastet. Deshalb fordern einige Vertreter des Ökozentrismus, durch Bevölkerungspolitik bestimmte Anreize dafür zu schaffen, dass weniger Menschenkinder gezeugt und geboren werden. Das klingt eher harmlos. Politisch könnte der Geburtenrückgang allerdings auch mit Zwangsmaßnahmen durchgesetzt werden. Beachten wir aber, dass nicht nur eine Vertreterin des Ökozentrismus für den Geburtenrückgang plädieren könnte: Auch eine Vertreterin des Anthropozentrismus könnte ihn fordern, allerdings deshalb, weil er in erster Linie dem Fortbestand der Menschheit dienlich sein könnte.

26 Siehe zu der Frage, ob der Ökozentrismus menschenfeindlich ist, Dierks 2016a, S. 171 f.

Das Argument des Holismus

Die letzte physiozentrische Position, die hier angesprochen werden soll, ist die des Holismus. Hinsichtlich der moralischen Achtung der Natur gehen Vertreter dieser Position ›aufs Ganze‹ und setzen ›auf alles‹. Das griechische Wort *hólos* bedeutet im Deutschen nämlich ›ganz‹. Also soll laut den Vertretern des Holismus das Ganze der Natur in Augenschein genommen werden. Was genau heißt das? Was wird im Holismus als moralisches Objekt angesehen?

Eine hilfreiche, sie von anderen physiozentrischen Positionen klar trennende Bestimmung des Holismus formuliert Jan Dierks. Sie besagt, dass mit dem Holismus »*sowohl* individuelle Entitäten wie Einzellebewesen als auch Ganzheiten wie Arten und Ökosysteme *als auch* unbelebte natürliche Entitäten wie Steine, Wasserfälle und Wanderdünen direkt moralisch berücksichtigt«[27] werden. Der Holist Martin Gorke behauptet, dass neben dem Menschen »Tiere, Pflanzen, Berge, Flüsse, Arten, Ökosysteme und der Planet Erde als Ganzes unmittelbare Gegenstände von Moral«[28] sind. Sie seien alle eigenwertig. Alles Natürliche sei erst einmal moralisch zu achten. Vertreter des Holismus sind überzeugt: Wer sich angemessen verhalten möchte, muss Menschen, Tiere, Pflanzen, Berge, Flüsse, Arten,

27 Dierks 2016b, S. 178. In dem Artikel von Dierks finden sich genaue Hinweise zum Abgrenzungsproblem von Ökozentrismus und Holismus, der in zwei Varianten, einer monistischen und einer pluralistischen, auftreten kann. In der vorliegenden Einführung wird der Holismus ausschließlich entsprechend der zitierten Definition verstanden.

28 Gorke 2018, S. 9.

Ökosysteme und den Planeten Erde als moralische Objekte ansehen.

Angesichts des bislang zum Holismus Gesagten stellen sich sofort mindestens zwei Fragen. Die eine Frage lautet, wie man begründet, dass alles der Natur *um seiner selbst willen* moralisch geachtet werden soll. Wenn man denkt, dass es keine gute und überzeugende Begründung dafür gibt, dann erübrigt sich die Suche nach einer Antwort auf die zweite Frage. Diese lautet, wie man als moralisches Subjekt angesichts der nicht mehr überschaubaren Anzahl an moralischen Objekten und ihrer Unterschiedlichkeit und Andersartigkeit ethisch entscheidungsfähig bleiben kann. Wenn ich das Ganze der Natur *um seiner selbst willen* moralisch achten soll, wie soll ich dann noch bestimmen und den Überblick darüber bewahren können, wie ich wem oder was womit entsprechen soll? Wie kann ich noch erkennen, warum ich zugunsten des einen und zuungunsten des anderen entscheiden soll? Wäre ich dann nicht pausenlos moralisch überfordert? Würde ich dann nicht zwangsläufig am laufenden Band moralische Fehler machen?

Vertreter des Holismus behaupten, dass dies nicht der Fall ist. Gorke formuliert konkrete Vorschläge für den aus holistischer Perspektive angemessenen Umgang mit der außermenschlichen und der menschlichen Natur. Er versucht zu zeigen, dass die moralische Anerkennung des Ganzen der Natur nicht zur Überforderung der moralischen Subjekte führen muss. Im Grunde sei es nämlich nicht so, dass die Vertreterin des Holismus ein Problem hat, welches kein anderer Umweltethiker hat. Moralischen Subjekten muss es stets um Einschätzungen, Abwägungen und Entscheidungen gehen, wenn sie moralisch handeln, also auch immer darum, wen oder was sie in einer moralischen Konfliktsituation besonders berücksichtigen sollen. Solche Situationen, in denen Ansprüche, Interessen und Bedürfnisse verschiedenster Art eine Rolle spielen und in denen nicht alle umfänglich erfüllt, befriedigt oder gewahrt werden können, könnten mit Vorrangregeln, normativen Zusatzannahmen sowie Abwägungskriterien gültig aufgelöst werden. Und solche Regeln, Annahmen und Kriterien benötigt jedes moralische Subjekt, das einer der physiozentrischen Positionen folgen möchte.

Die Strategie des Vertreters des Holismus ist klar: Er will zeigen, dass er sich mit seinem Argument kein neues Problem eingehandelt hat, das andere Vertreter des Physiozentrismus nicht betrifft. Ansonsten hätte er nämlich ein besonderes Problem und müsste sich eine ganz neue Lösungsstrategie überlegen. Dies muss er, so Gorke, jedoch nicht.

Kommen wir zurück zu der ersten Frage, nämlich der, ob der Holismus gut begründet werden kann. Betrachten wir ein Argument näher, mit dem dafür plädiert wird, dass wir das Ganze der Natur moralisch achten sollen. Gegenüber anderen holistischen Begründungsversuchen hat dieses Argument einen entscheidenden Vorteil oder beansprucht zumindest, ihn zu haben. Der Vorteil besteht darin, ohne allzu kontroverse metaphysische Vorannahmen auszukommen, wie etwa jener, dass es einen Gott gibt. Als Umweltethiker tut man gut daran, in seinen Argumenten auf solche kontroversen Vorannahmen zu verzichten, um die Chance zu wahren, möglichst viele von seinen Argumenten überzeugen zu können. Und Gorke, von dem das Argument stammt, berücksichtigt genau das.

Wie geht er vor? Er geht davon aus, dass allen nichtholistischen Argumenten ein bestimmter ethischer Fehler zugrunde liegt. Alle nichtholistischen Argumente seien von Anfang an ethisch falsch. Und zwar nicht aus dem Grund, weil mit ihnen etwa empirisch Wahrnehmbares übersehen wird, sondern darum, weil mit ihnen eine grundfalsche erste Wahl getroffen wird: Denn vor allen weiteren Argumentationsschritten hat man sich mit diesen Argumenten bereits entschlossen, Bestimmtes in die moralische Gemeinschaft einzuschließen und somit anderes aus ihr auszuschließen. Die Vertreter des Anthropozentrismus, des Pathozentrismus, des teleologischen Biozentrismus und des Ökozentrismus haben Kriterien entwickelt, mit denen die Aufnahme von *x* in die moralische Gemeinschaft oder der Ausschluss von *x* aus der moralischen Gemeinschaft festgelegt wird. Diese Kriterien festzulegen sei aber grundsätzlich falsch, wenn man ethisch ernst machen will.

Welcher Gedanke steht hinter diesen Überlegungen? Ethiker sollen, so Gorkes Überzeugung, erst einmal inklusiv, also einschließend, nicht aber exklusiv, also ausschließend, denken. Wer angemessen entscheiden und handeln möchte, soll nicht bereits von Anfang an bestimmte Teile der Natur oder die Natur als Ganzes als moralisches Objekt suspendieren. Das Aussieben steht dem Ethiker nicht gut zu Gesicht. Warum sollte man in der Ethik mit der Festlegung von Kriterien anfangen, die den Einschluss von etwas oder dessen Ausschluss aus der moralischen Gemeinschaft regeln? Setzt sich derjenige, der seine ethischen Überlegungen mit der Bestimmung von Selektionskriterien beginnt, nicht berechtigt dem Verdacht aus, willkürlich und voreingenommen zu handeln?

Das einzige moralische Subjekt, nämlich der Mensch, schließt, so Gorke, mit einem Machtwort und ohne zwingende Gründe manches aus der moralischen Gemeinschaft aus. Alle nichtholistischen Positionen definieren abseits des Kriteriums, *natürlich*, also der Natur zugehörig oder sie selbst zu sein, problematische Kriterien, mit denen über die Zugehörigkeit von *x* zur moralischen Gemeinschaft entschieden wird. Laut dem Anthropozentrismus ist es das Kriterium, Mensch zu sein. Laut dem Pathozentrismus ist es das Kriterium, schmerzempfindsam zu sein und leiden zu können. Laut dem teleologischen Biozentrismus ist es das Kriterium, ein strebendes Lebewesen zu sein. Laut dem Ökozentrismus ist es das Kriterium, ein Ökosystem zu sein. Jedes Kriterium für einen Einschluss entpuppt sich, so Gorke, letztlich als etwas, das ethisch nicht überzeugend verteidigt werden kann. Angesichts dessen schlägt er für eine moralische Orientierung und in Anlehnung an Immanuel Kants berühmten kategorischen Imperativ einen neuen Imperativ vor, mit dem er ›aufs Ganze geht‹. Dieser Imperativ besagt: »*Handle so, dass du alles Seiende niemals nur als Mittel, sondern immer zugleich auch als Selbstzweck behandelst.*«[29]

Doch auch der Holismus hat mit Problemen zu kämpfen: In dem neuen Imperativ steckt der philosophisch nicht eindeutig festgelegte Begriff des Seienden. Denn was genau ist Seiendes? Nur Natürliches? Oder eine Zahl? Jedes Artefakt? Oder nur ein bestimmtes Artefakt? Ist ein Wasserfall ein Seiendes? Die Vermutung liegt nahe, dass der Holismus sowohl metaphysisch als auch begrifflich sehr voraus-

29 Ebd., S. 111.

setzungsreich ist – und gerade das wollte er doch verhindern.

Ein weiteres Problem: Der Holismus so, wie Gorke ihn versteht, scheint sich gegen jeden Alternativentwurf zu immunisieren. Denn jedes Kriterium, um moralische Objekte von nichtmoralischen zu trennen, kann ohne jede weitere Prüfung allein mit dem Hinweis darauf zurückgewiesen werden, dass es willkürlich ist oder der Voreingenommenheit entspringt. Man kann diesen Hinweis auch so in Worte fassen: Ethik ist radikalinklusiv, Punkt, und wer dies nicht sieht und anerkennt, der liegt in jedem Fall falsch! Aus diesem Grund hat ein solches Kriterium, und zwar unabhängig davon, wie gut es begründet ist oder wie intuitiv es auch immer einleuchtet, bei einem Vertreter des holistischen Ansatzes keine Chance.

Ist das überzeugend? Angesichts dessen, dass Wasserfälle nicht wie Zwergkaninchen *sind*, scheint die Kritik an der Setzung von Kriterien, die der Holismus übt, nicht unbedingt attraktiv zu sein. Und dass jede Exklusion aus der moralischen Gemeinschaft willkürlich sein soll oder auf Voreingenommenheit beruhen muss, ist selbst eine problematische Vorannahme und Setzung.

5 Zur Praxis

Die Umweltethik und ihre Fragen sind, wie gezeigt wurde, nicht nur von theoretischem, sondern vor allem von großem praktischem Interesse. Die Umweltethik verfolgt das Ziel, praktische Erkenntnis zu gewinnen, die auf das Handeln bezogen ist und mit der man die Frage »Was soll ich tun?« beantwortet. Sie bezweckt, den angemessenen Umgang des Menschen mit der außermenschlichen Natur zu erkennen und Normen für diesen Umgang zu formulieren. Wüsste man, wie man mit der außermenschlichen Natur umgehen darf und soll, dann würde sich diese Erkenntnis in bestimmten Handlungen niederschlagen. Zumindest sollte dies so sein. Doch stellt sich aus dem Grund, dass eine Praxis, also eine Handlungsweise oder eine bestimmte Abfolge von Handlungen, ohne einen Praktizierenden nicht denkbar ist, die Frage: Um *wessen* Praxis handelt es sich? Anders gefragt: An wen genau richten Umweltethiker ihre Forderungen? Wer soll den Normen des angemessenen Handelns folgen? Wer soll etwas tun? Sind es die Individuen, also einzelne moralische Subjekte, oder sind es Kollektivsubjekte wie politische Ordnungen und Gruppen, die ein Zusammenschluss von Individuen sind? Oder sind es mal die einen, mal die anderen? Wen oder was nimmt die Umweltethik in die Pflicht?

Bevor man sich diesen Fragen zuwendet, sollte man einen Schritt zurücktreten und den eigentlichen Sinn der Fragen möglichst genau klären: Warum sind diese Fragen überhaupt wichtig? Und liegen die Antworten auf sie nicht klar auf der Hand? Es geht doch stets um die Handlungen von moralischen Subjekten – um wessen Handlungen denn sonst? Doch muss dann, wenn es immer so ist, dass moralische Subjekte die Handelnden sind, Folgendes berücksichtigt werden: In manchen Situationen kann man sagen, dass ein *bestimmtes* moralisches Subjekt, beispielsweise Christine, für etwas verantwortlich ist und als Verantwortliche in einer bestimmten Weise handeln darf oder soll. In anderen Situationen kann es aber schwierig sein, *genau* anzugeben, wer für etwas verantwortlich ist und somit eindeutig herauszustellen, wer wie handeln darf oder soll. Oft sind die umweltethisch zu analysierenden Situationen so komplex und von einzelnen Individuen nicht weitreichend beeinflussbar und steuerbar, dass es sehr viel Aufwand bedeutet, festzustellen, wer wie handeln darf oder soll. Wie kommt das?

Umweltethik und Gesellschaft

In den Bereichsethiken wie der Umweltethik geht es in vielen Fällen um die Formulierung und die Begründung von Normen, die kollektiv relevant, also gesellschafts- und ordnungsbezogen sind. Es geht in ihnen, wie es der Philosoph Detlef Horster (*1942) mit Bezug auf seine Kollegin Dagmar Fenner (*1971) fasst, »um Probleme, die uns alle gleichermaßen betreffen und von deren Lösung […] die Gestaltung unseres Zusammenlebens abhängt«[1]. Bereichsethische Lösungen drängen auf ihre praktische Entsprechung, somit auf Umsetzung und Verwirklichung. In den Bereichsethiken gefundene Lösungen sollen in die Praxis

1 Horster 2013, S. 12.

umgesetzt werden. Dafür bedarf es manchmal kollektiv verbindlicher Entscheidungen und Normierungen. Denn es ist beispielsweise eine *Gesellschaftsfrage*, ob man die konventionelle Landwirtschaft oder die Massentierhaltung und die damit verknüpften Praktiken gestatten möchte. Das Problem betrifft nicht nur den einzelnen Tierhalter und *seine* Tiere.

Es ist eine Frage an die Gesellschaft, ob man die Abholzung von Wäldern befürworten sollte, wenn damit mittelfristig ökonomische Gewinne erzielt werden können. Die Folgen der Abholzung könnten zukünftige Generationen vielleicht sogar in globalem Maßstab betreffen.

Es ist eine Gesellschaftsfrage, ob man in der Nähe einer Stadt neue Atomreaktoren bauen lässt. Die Folgen eines möglichen Reaktorunfalls würden nicht nur wenige betreffen, nicht nur die Bewohnerinnen und Bewohner der Stadt, sondern sehr viele Menschen und die gesamte außermenschliche Natur in einem bestimmten Umkreis. Nehmen wir an, dass trotz dieses Risikos beschlossen wird, die Reaktoren zu bauen. Gewiss errichten dann Einzelne gemeinsam einen zuvor von Einzelnen gemeinsam entwickelten Reaktor, nachdem Einzelne gemeinsam beschlossen haben, dass er entwickelt und gebaut werden soll. Vereinzelt könnte allerdings weder der eine noch die andere allein dies oder jenes tun. Niemand ist allein für die Entscheidung zu bauen, den Bau selbst und das Bauwerk verantwortlich. Und das, was die an der Entscheidung, am Bau und am Bauwerk Beteiligten tun, hat Auswirkungen auf die Öffentlichkeit und eine bestimmte Gesamtheit und Vereinigung von Einzelnen als Bürgerinnen und Bürger einer politischen Ordnung.

Die in den Bereichsethiken analysierten moralischen Probleme und deren Bedingungen sind oft solche, die zum einen das Leben vieler Menschen und vielleicht sehr vieler anderer moralischer Objekte betreffen – und zum anderen solche Probleme, die von einzelnen moralischen Subjekten durch ihr individuelles Handeln nicht gelöst werden können. Einzelne moralische Subjekte können vielleicht überzeugende theoretische Lösungsansätze für die Probleme vorlegen, jedoch allein auf sich gestellt praktisch zu wenig ausrichten, um die Probleme tatsächlich aus der Welt zu schaffen. Auch sind einzelne moralische Subjekte häufig nicht für das Entstehen bestimmter Probleme verantwortlich zu machen.

Verantwortungsfragen

Betrachten wir einen umweltethisch relevanten Fall, in dem ein einzelnes moralisches Subjekt Adressat von Normen ist und in dem es eindeutig als Verantwortlicher feststeht. Anschließend betrachten wir einen anderen Fall, in dem die Verantwortung nicht eindeutig zugeordnet werden kann.

Zum ersten Fall: Angenommen, dass Alexander dabei beobachtet wurde, wie er eine beträchtliche Menge Altöl in einen abgelegenen See leitete und daraufhin alle Fische in diesem See sterben. Dann kann man zum einen feststellen, dass es Alexander war, der das Altöl in den See leitete, zum anderen, dass es Alexander war, der mit an Sicherheit grenzender Wahrscheinlichkeit das Sterben der Fische verursacht hat. Man kann den Verantwortlichen eindeutig benennen: »Alexander, du hast das gemacht und niemand sonst!« Man kann noch mehr sagen: »Weil Alexander das gemacht hat, sterben alle Fische im See.« Der Verantwortliche steht fest. Und es ist unbezweifelbar, dass das einzelne moralische Subjekt für die Handlungsfolge geradestehen muss, wenn überhaupt jemand für sie geradestehen soll. Das moralische Subjekt Alexander konnte allein und auf eigene Faust einen Teil der außermenschlichen Natur unmittelbar und wirkungsvoll beeinflussen. Und er tat es.

Kommen wir zum zweiten Fall, bei dem wesentlich schwieriger festzulegen ist, wer für etwas Bestimmtes verantwortlich ist: den Fall des anthropogenen Klimawandels.

Dieser zur Umweltethik zählende Fall eignet sich besonders gut dafür, diese Schwierigkeit zu verdeutlichen.[2] Schon der Name verrät, dass dieser Wandel ein menschengemachter ist. Also sind Menschen für ihn verantwortlich. Doch *welche* Menschen und *wie*? Dies zu klären ist wichtig, um zu wissen, wer was genau tun darf oder soll, wer also Adressat der umweltethischen Normen ist. Sollte das nicht klargemacht werden können, würden die Normen ins Leere laufen, weil niemand eindeutig für irgendetwas verantwortlich gemacht werden kann und sich eventuell niemand aus freien Stücken verantwortlich fühlt. Niemand könnte eindeutig als Adressat der Normen identifiziert werden, so dass niemand zu ihrer Befolgung verpflichtet werden kann.

Erschwerend kommt hinzu, dass der anthropogene Klimawandel alle Menschen, Tiere und Lebensräume auf dem Planeten Erde betrifft und existenziell gefährdet. Zum einen ist er nicht von einem oder von wenigen moralischen

2 Siehe Birnbacher 2016.

Subjekten allein herbeigeführt worden. Zum anderen kann er nicht von einem oder von wenigen moralischen Subjekten rückgängig gemacht oder wirksam beeinflusst werden. Wenn *ich* davon überzeugt bin, dass es angemessen ist, den anthropogenen Klimawandel mitsamt der Erderwärmung zu bekämpfen, weil es nicht angemessen ist, mit *unserer* Lebensweise und *unserem* Verhalten zur Zerstörung von Lebensräumen beizutragen, dann habe ich einen theoretischen Schritt zur Lösung des Problems getan. Sollte ich mich aufgrund dieser Überzeugung dann dafür entscheiden, selbst nicht mehr in Flugzeugen Weltmeere zu überqueren, mich nicht mehr in Autos durch überfüllte Straßen zu quetschen, mich fleischlos zu ernähren und einen Teil meines Einkommens für Umweltschutzorganisationen zu spenden, so wäre dies mein praktischer Beitrag zur Lösung des Problems. Es müsste dann empirisch geprüft werden, ob ich mit diesen Handlungen und dem Verzicht auf manches tatsächlich einen Beitrag zur Eindämmung des Klimawandels leiste und wie groß dieser Beitrag ist. Eines ist jedoch in jedem Fall klar: Eine befriedigende Lösung des Problems des anthropogenen Klimawandels kann ich allein nicht erreichen. Es wird sich nicht viel durch mein Verhalten ändern. Man muss dies zur Kenntnis nehmen: Ich allein bin nicht für dieses gewaltige Problem verantwortlich. Und ich allein kann es nicht lösen. Auch in Gemeinschaft mit einigen hundert Umweltschützern kann ich es nicht lösen.

Bin ich dann als einzelnes moralisches Subjekt in einem Fall wie dem des anthropogenen Klimawandels von der Einhaltung umweltethischer Normen entbunden – bin ich nicht mehr ihr Adressat?

Umweltethik und Individuum

Eine individualethisch orientierte Umweltethik zielt auf einzelne moralische Subjekte. Ihre Gegnerinnen kritisieren sie deshalb, weil sie der Ansicht sind, dass vereinzelt agierende moralische Überzeugungstäter effektiv nichts oder nahezu nichts ausrichten können, zumindest nicht in einem Fall wie dem des anthropogenen Klimawandels. Sie plädieren für kollektiv wirksame, nicht individualethisch verankerte Ansätze, um die Umweltkrise zu beenden. Sehr zugespitzt formuliert: Einzelne dürften demnach alles das machen, was sie wollen, weil das zu tun, was sie sollen, keine signifikanten Effekte zeitigt. Selbst dann, wenn ich als Einzelner alles tue, was umweltethisch gefordert ist, hat dies, wenn überhaupt, nur einen vernachlässigbar kleinen Effekt für das Klima. Daher ist es als einzelnes moralisches Subjekt nicht mein Fehler oder mein moralisches Versäumnis, das Problem nicht zu lösen. Als einzelnes moralisches Subjekt kann ich also nicht moralisch dazu verpflichtet sein, den Klimawandel und die Erderwärmung zu stoppen – und zwar aus dem Grund, weil ich allein dazu gar nicht fähig bin. Ich allein kann auch nicht dafür moralisch verantwortlich gemacht werden, den Klimawandel herbeigeführt zu haben – und zwar aus dem Grund, weil ich dies allein gar nicht konnte. Fazit: Ich bin nicht allein oder maßgeblich an dem Problem schuld. Ich allein kann das Problem nicht lösen. Also bin ich nicht verpflichtet, irgendetwas zu tun.

Jedoch ist Vorsicht bei dieser Kritik an der individualethischen Orientierung der Umweltethik geboten. Denn es ist umstritten, ob das einzelne moralische Subjekt nicht auch im Fall des anthropogenen Klimawandels und der Erderwärmung zumindest irgendetwas ausrichten und wirksam sein kann. Geht man davon aus, dass ein einzelner Mensch, also ein einzelnes moralisches Subjekt, doch in einem gewissen Maß etwas zum Klimawandel beiträgt und somit auch einen begrenzten Beitrag zur Lösung des Problems leisten kann, dann darf man ihm *Mit*verantwortung an dem anthropogenen Klimawandel und der mit ihm verbundenen Folgen geben.

Fassen wir zusammen: Einige gehen davon aus, dass ein einzelnes moralisches Subjekt dann angemessen handelt, wenn es etwa mehrfach im Jahr mit dem Flugzeug verreist. Die Einzelne habe keine Schuld an dem Klimawandel. Wenn sie sich dazu entschließen würde, auf das Reisen zu verzichten, würde sie nichts bewirken. Effektiv wirksam wäre ausschließlich ein weitreichendes Flugverbot für alle oder beinahe alle, also ein kollektiver Flugverzicht. Andere Umweltethikerinnen verweisen darauf, dass das einzelne moralische Subjekt durchaus für den Klimawandel und seine Folgen *mit*verantwortlich gemacht werden kann und es sein individuelles Handeln, unabhängig davon, was alle anderen tun, genau hinterfragen und umsichtig bestimmen sollte. Die Einzelne könne zwar nicht das Klimaproblem als Ganzes lösen, doch habe ihr klimarelevantes Handeln durchaus bestimmbare und moralisch relevante Folgen, denen sie sich stellen sollte. Der Philosoph John Nolt (*1950) formuliert entsprechend:

> Wir haben […] geschätzt, dass der durchschnittliche US-Amerikaner für rund ein Zweimilliardenstel der gegenwärtigen und in naher Zukunft erzeugten Emissio-

> nen verantwortlich ist. Auch wenn die Emissionen relativ schnell auf niedrige Niveaus fielen [...], werden Millionen von Menschen durch diese Emissionen geschädigt werden. Wenn im Laufe des nächsten Jahrtausends gerade mal vier Milliarden Menschen [...] infolge der gegenwärtigen und in naher Zukunft erzeugten Emissionen geschädigt werden (das heißt entweder Schmerzen erleiden oder sterben), dann verursacht der/die durchschnittliche US-Amerikaner/in durch seine/ihre Treibhausgasemissionen das schwere Leid und/oder den Tod von zwei zukünftigen Personen.[3]

An dieser Stelle soll nicht diskutiert oder sogar darüber entschieden werden, ob sich diese von Nolt gestellte Prognose bewahrheiten wird oder nicht. Es soll nur Folgendes angedeutet werden: Diejenigen, die davon ausgehen, dass das jeweils individuelle Handeln eines Menschen in einem Fall wie dem des anthropogenen Klimawandels moralisch gänzlich vernachlässigbar ist, können dies nicht widerspruchslos behaupten. Die individualethische Komponente sollte auch in solchen Fällen nicht vorschnell außer Acht gelassen werden.

Das große Ganze

Man muss also immer genau hinsehen, einzelne umweltethische Fälle separat betrachten und die Güte der Lösungsansätze genau bewerten, denn es kann sehr wohl der Fall

3 Nolt 2011, S. 9, zit. nach Langer 2020, S. 161.

sein, dass das Handeln eines einzelnen moralischen Subjekts einen Unterschied, wenn auch, wie am Fall des anthropogenen Klimawandels gezeigt wurde, manchmal einen relativ kleinen Unterschied macht. Angesichts dessen halten einige die Umweltethik für fruchtlos, weil sie die Forderungen der Umweltethik unter Berücksichtigung der klassischen Frage der Ethik (Was soll ich tun?) stets auf das einzelne und vereinzelte moralische Subjekt und seine Handlungen und Wirkungsgrade beziehen. Sie argumentieren kurzgefasst dafür, dass die Ethik, die in erster Linie das Individuum und seine Handlungen im Blick hat, nichts zur Lösung von Problemen beitragen kann, die sich nicht auf ein einzelnes Individuum und dessen Handlungen herunterbrechen lassen. Kritiker der Umweltethik vertreten also die Meinung, dass durch Umweltpolitik und Umweltrecht über das große Ganze öffentlich bindend entschieden wird und dass nur diese letzten Endes wichtig sind. Das mag in Bezug auf viele umweltethisch relevante Probleme zutreffen, macht die Beschäftigung mit der Umweltethik aber nicht überflüssig. Im Gegenteil! Die Behauptung, dass die Umweltpolitik und das Umweltrecht letzten Endes wichtig sind, liefert vielmehr den Grund, sich intensiv mit der Umweltethik zu beschäftigen. Denn in der Beschäftigung mit ihr versuchen wir zu verstehen, wie mit der außermenschlichen Natur angemessen umzugehen ist. Mit diesem Verständnis können wir dann nicht nur Handlungen einzelner Individuen, sondern auch umweltpolitische und umweltrechtliche Entscheidungen und Festlegungen als ethisch gerechtfertigt oder nicht gerechtfertigt identifizieren. Vielleicht bemühen wir uns dann sogar, Einfluss auf sie zu nehmen – etwa dadurch, dass wir uns an

Demonstrationen und an Umweltschutzbewegungen beteiligen.

Umweltethikerinnen und Umweltethiker kritisieren die Umweltpolitik und das Umweltrecht. Vielleicht gibt es in dem Staat U noch kein Gesetz, mit dem das Verschmutzen von Gewässern mit Industrieabfällen untersagt wird. Aus Sicht der Umweltethikerin L. sollte das Verschmutzen aber untersagt werden, weil es dazu führt, dass viele Tiere im und am Gewässer Übel erleiden, Übel, die aus ihrer Sicht ethisch nicht gerechtfertigt werden können. Die Umweltethikerin L. wird mit der Veröffentlichung von Fachbeiträgen und indem sie etwa als Mitglied einer Ethikkommission auftritt, argumentativ darauf einzuwirken versuchen, dass ein Gesetz erlassen wird, das die Verschmutzung untersagt und unter Strafe stellt. Es könnte außerdem eine politische Partei in dem Staat U geben, die für die von der Umweltethikerin L. vertretene Position eintritt und mit ihrer Sichtweise sympathisiert. Vielleicht beziehen sich Vertreter dieser Partei sogar ausdrücklich auf die Argumentation der Umweltethikerin L. und streben die Verabschiedung eines entsprechenden Gesetzes im Parlament an.

Angesichts einer solchen Skizze sollte man die praktische Bedeutung der Umweltethik für den Umgang mit der außermenschlichen Natur ebenso wenig über- wie unterschätzen. Die Umweltethik ist auch umweltpolitisch und umweltrechtlich relevant.

Dies wird im besten Fall von denen, die umweltpolitisch und umweltrechtlich tätig sind, auch gesehen und anerkannt, indem etwa Ethikkommissionen ins Leben gerufen werden, die politische Entscheidungsgremien beraten. Die

Umweltethik ist allerdings selbst nicht politisch, schon gar nicht parteipolitisch gebunden. Sie hat nicht die Funktion, gesetztes Umweltrecht in jedem Fall entweder ethisch zu rechtfertigen oder zu delegitimieren. Sie ist in diesem Sinne eine unabhängige Größe. Mit ihr wird unparteilich und möglichst ideologiefrei versucht, die Normen für den Umgang mit der außermenschlichen Natur zu finden, die vernünftigerweise anzuerkennen sind – und zwar sowohl von einzelnen moralischen Subjekten als auch von Kollektivsubjekten wie Staaten oder Staatenbünden.

Was soll *ich* tun?

Kommen wir abschließend auf das einzelne moralische Subjekt zurück. Es gibt viele Fragen, die wir uns in Bezug auf unsere alltägliche Existenz stellen können und sollten, wenn wir danach streben, mit unserer Umwelt und der außermenschlichen Natur angemessen umzugehen. Es ist anstrengend, sich diese Fragen zu stellen. Und wer sie sich ernsthaft stellt, wird je nachdem, welche Antworten ihn überzeugen, vielleicht sein Leben ändern – und das kann noch anstrengender sein.

Vieles, das im Alltag bislang selbstverständlich und erfreulich gewesen sein mag, wird nämlich umweltethisch infrage gestellt: sei es das Grillen von Fleisch an einem Sommertag, die Spritztour mit dem Auto, der Einkauf günstiger Kleidung oder das Versenden von unzähligen E-Mails und anderen elektronischen Nachrichten an Freunde und Bekannte.

Dabei trägt die Einzelne nicht alle Umweltlast. Umweltethiker sind sich bewusst, dass die Umweltkrise vor allem Kollektive wie Gesellschaften, Institutionen, Staaten und Staatenverbünde mit ihren Mitteln und Eingriffsmöglichkeiten herausfordert. Die oder der Einzelne *kann* in dieser Krise das Ruder nicht allein herumreißen.

Dennoch ist es nicht ausgeschlossen, dass das einzelne moralische Subjekt, zumindest in engen Grenzen, entweder direkt oder indirekt wirksam sein und seine Umwelt beeinflussen kann. Trotzdem ist es nicht ausgeschlossen, dass das einzelne moralische Subjekt sich auch dann orientieren und angemessen verhalten möchte, wenn dies viele andere moralische Subjekte nicht tun und auch dann, wenn es anstrengend und wenig effektiv ist. Dennoch ist es nicht ausgeschlossen, dass das einzelne moralische Subjekt ein gutes Leben führen will, zu dem nach seiner Ansicht das angemessene Verhalten gegenüber der außermenschlichen Natur gehört, auch wenn es weiß, dass es allein nicht viel ausrichten kann.

Abschließend möchte ich Sie mit zwei *Fragenkatalogen* dazu anregen, sich weiterhin mit ihrer Rolle in der Natur und der Natur gegenüber sowie mit der Umweltethik zu beschäftigen. Dazu werde ich im ersten Katalog einige praktische Fragen stellen, die uns als einzelne Menschen ansprechen und mit denen wir unsere individuelle Umweltpraxis prüfend in Augenschein nehmen können. Dabei handelt es sich zum Teil sicherlich um bekannte Fragen. Wer diese und verwandte Fragen umweltethisch reflektierend beantworten will, darf allerdings nicht drauflos antworten, sondern muss den zweiten Fragenkatalog ergänzend heranziehen. Denn dort werden fundamentale Fragen gestellt, die zu berücksichtigen sind, wenn man umweltethisch qualifizierte Antworten auf die Fragen aus dem ersten Katalog sucht.

Der erste Fragenkatalog

1. Darf ich das Fleisch von Tieren verzehren, die zum Zweck der Gewinnung von Nahrung gezüchtet, gehalten und geschlachtet wurden? Spielt dabei die Art der Züchtung, Haltung und Schlachtung eine Rolle?
2. Ist es angesichts ihrer Herstellungs- und Produktionsweise angemessen, tierische Produkte zu mir zu nehmen oder als Kleidung zu tragen?
3. Soll ich in Anbetracht der Umweltkrise meinen Wunsch, eigene Kinder in die Welt zu setzen, aufgeben?
4. Soll ich mich einer Umweltschutzorganisation anschließen und wenn ja: welcher?
5. Sollte ich Getränke weiterhin aus Plastikbechern trinken oder sollte ich eine Alternative in Erwägung ziehen?
6. Angenommen, dass ich auf dem Land lebe und ein Auto benötige, um mobil zu sein: Welches Auto mit welcher Ausstattung und mit welchen Verbrauchswerten sollte ich erwerben?
7. Braucht jedes fahrberechtigte Familienmitglied ein Auto?
8. Angenommen, dass ich in der Stadt lebe und es dort einen verhältnismäßig gut ausgebauten Öffentlichen Personennahverkehr gibt: Benötige ich ein eigenes Auto, und wenn ja: für welchen Zweck?
9. Darf ich den Wasserhahn am Handwaschbecken aufgedreht lassen, wenn ich das Badezimmer zeitweilig verlasse?

10. Wenn ich Urlaub habe und verreisen möchte: Auf welchen Transportwegen und mit welchen Verkehrsmitteln komme ich an mein Ziel?
11. Wie oft sollte ich im Jahr zu Vergnügungszwecken und wie weit entfernt von meinem Wohnort verreisen?
12. Rechtfertigen meine Gründe für eine bestimmte Art von Urlaub die Reise auf andere Kontinente oder wären näher liegende Urlaubsziele ebenfalls geeignet?
13. Bin ich als Bürger eines wohlhabenden Staates, der lange von der schonungslosen Ausbeutung der Natur in anderen Gebieten des Planeten profitiert hat, moralisch verpflichtet, einen Teil meines Einkommens für Menschen in diesen Gebieten zu spenden?
14. Ist es angemessen, Abfall auf den Boden, etwa auf den Wanderweg oder auf die asphaltierte Straße, zu werfen?
15. Ist es angesichts des Energie- und Ressourcenverbrauchs angemessen, am Tag dutzende oder hunderte Nachrichten – mal mehr, mal minder fragwürdigen Inhalts – über Smartphones und Computer zu versenden?
16. Kann ich noch guten Gewissens gedruckte Bücher lesen?
17. Welche Heizungsanlage sollte ich in meinem Haus einbauen lassen und aus welchen Gründen eher diese als jene?
18. Darf ich auf die Jagd gehen?
19. Bin ich moralisch dazu verpflichtet, einem verletzten Wildtier, das ich am Straßenrand sehe, zu helfen, wenn mich das nicht selbst in Gefahr bringt?

Der zweite Fragenkatalog

1. Was spricht überhaupt dafür, den angemessenen Umgang mit der außermenschlichen Natur *nicht* anzustreben? Und wie gut ist es begründet?
2. Was spricht überhaupt dafür, den angemessenen Umgang mit der außermenschlichen Natur anzustreben? Und wie gut ist es begründet?
3. Angenommen, dass ich den angemessenen Umgang mit der außermenschlichen Natur anstrebe: Was spricht dafür, anderem in der Natur (neben dem Menschen) Interessen, Ansprüche und Bedürfnisse zuzusprechen und es als moralisches Objekt zu achten? Was spricht dagegen?
4. Angenommen, dass ich davon überzeugt bin, dass neben dem Menschen *nichts* in der Natur Interessen, Ansprüche und Bedürfnisse hat: Welche Konsequenzen hat dies grundsätzlich für die Wahl meiner Handlungen? Soll ich nur die Interessen, Ansprüche und Bedürfnisse von Menschen achten und für die Wahl meiner Handlung im Blick behalten, die in meinem näheren Umfeld leben? Oder soll ich auch die Interessen, Ansprüche und Bedürfnisse derjenigen, die weit entfernt leben, zum Beispiel auf anderen Kontinenten, oder von erst zukünftig lebenden Menschen berücksichtigen? Welche Interessen, Ansprüche und Bedürfnisse von Menschen soll ich in gleicher Weise beachten und welche nicht?
5. Angenommen, dass ich davon überzeugt bin, dass etwas neben dem Menschen in der Natur Interessen, Ansprüche und Bedürfnisse hat: Für welchen Teil der außermenschlichen Natur trifft dies aus welchen Gründen zu? Welche Konsequenzen hat dies grundsätzlich für die

Wahl meiner Handlungen? Was in der außermenschlichen Natur, das moralisch geachtet werden soll, wird jeweils und wie von meinen Handlungen betroffen sein, und zwar kurzfristig, mittelfristig und langfristig? Soll ich ausschließlich die Interessen, Ansprüche und Bedürfnisse desjenigen im Nahbereich oder auch desjenigen im Fernbereich achten? Unter der Voraussetzung, dass ich *verschiedenartige* moralische Objekte moralisch achten soll: Soll ich sie und ihre Interessen, Ansprüche und Bedürfnisse stets in gleichem Maße berücksichtigen oder abhängig von der jeweiligen Situation Unterschiede machen? Gibt es gute Gründe für eine gleiche oder ungleiche Berücksichtigung und Behandlung?

Literaturhinweise

Attfield, Robin: Environmental Ethics. A Very Short Introduction. Oxford 2018.

Begon, Michael / Howarth, Robert W. / Townsend, Colin R.: Ökologie. Übers. von Andreas Held. Berlin/Heidelberg ^{3}2017.

Birnbacher, Dieter: Sind wir für die Natur verantwortlich? In: D. B. (Hrsg.): Ökologie und Ethik. Stuttgart 1980. S. 103–139.

– Verantwortung für zukünftige Generationen. Stuttgart 1988.

– (Hrsg.): Ökophilosophie. Stuttgart 1997.

– Klimaethik. Nach uns die Sintflut? Stuttgart 2016.

Braun, Florian / Baatz, Christian: Klimaverantwortung. In: Ludger Heidbrink / Claus Langbehn / Janina Loh (Hrsg.): Handbuch Verantwortung. Wiesbaden 2017. S. 855–886.

Carson, Rachel: Silent Spring. Einf. von Lord Shackleton. Vorw. von Julian Huxley. Nachw. von Linda Lear. London 2000.

Cohen, Carl: Warum Tiere keine Rechte haben. In: Ursula Wolf (Hrsg.): Texte zur Tierethik. Stuttgart 2018. S. 51–55.

Dierks, Jan: Ökozentrik. In: Konrad Ott / J. D. / Lieske Voget-Kleschin (Hrsg.): Handbuch Umweltethik. Stuttgart 2016a. S. 169–176.

– Holismus. In: Konrad Ott / J. D. / Lieske Voget-Kleschin (Hrsg.): Handbuch Umweltethik. Stuttgart 2016b. S. 177–183.

Engels, Eve-Marie: Biozentrik. In: Konrad Ott / Jan Dierks / Lieske Voget-Kleschin (Hrsg.): Handbuch Umweltethik. Stuttgart 2016. S. 161–168.

Frankena, William K.: Ethik und die Umwelt. Übers. von Julika Tillmanns. In: Angelika Krebs (Hrsg.): Naturethik. Grundtexte der gegenwärtigen tier- und ökoethischen Diskussion. Berlin ^{8}2016. S. 271–295.

Fraser Darling, Frank: Die Verantwortung des Menschen für seine Umwelt. Übers. von Dietrich Klose. In: Dieter Birnbacher (Hrsg.): Ökologie und Ethik. Stuttgart 1980. S. 9–19.

Gorke, Martin: Eigenwert der Natur. Ethische Begründung und Konsequenzen. Stuttgart ^{2}2018.

Horster, Detlef: Einleitung: Was heißt es, Ethik anzuwenden? In: D. H. (Hrsg.): Angewandte Ethik. Stuttgart 2013. S. 11–30.

Jonas, Hans: Das Prinzip Verantwortung. Versuch einer Ethik für die technologische Zivilisation. Frankfurt a. M. 2003.

– Prinzip Verantwortung. Zur Grundlegung einer Zukunftsethik. In: Angelika Krebs (Hrsg.): Naturethik. Grundtexte der gegenwärtigen tier- und ökoethischen Diskussion. Berlin [8]2016. S. 165–181.

Kallhoff, Angela: Prinzipien der Pflanzenethik. Die Bewertung pflanzlichen Lebens in Biologie und Philosophie. Frankfurt a. M. / New York 2002.

Kant, Immanuel: Die Metaphysik der Sitten. Mit einer Einl. hrsg. von Hans Ebeling. Stuttgart 2011.

Kawall, Jason: A History of Environmental Ethics. In: Stephen M. Gardiner / Allen Thompson (Hrsg.): The Oxford Handbook of Environmental Ethics. New York 2019. S. 13–26.

Krebs, Angelika: Einleitung. In: A. K. (Hrsg.): Naturethik. Grundtexte der gegenwärtigen tier- und ökoethischen Diskussion. Berlin [8]2016a. S. 7–12.

– Naturethik im Überblick. In: A. K. (Hrsg.): Naturethik. Grundtexte der gegenwärtigen tier- und ökoethischen Diskussion. Berlin [8]2016b. S. 337–379.

Langer, Ruben: Der Klimawandel ist nicht meine, er ist *unsere* Schuld. In: Jan Gehrmann / R. L. / Andreas Niederberger (Hrsg.): Klimawandel und Ethik. Paderborn 2020. S. 159–187.

Leopold, Aldo: A Sand County Almanac. With Essays on Conservation from Round River. New York 1986.

Meadows, Dennis L. [u. a.] (Hrsg.): Die Grenzen des Wachstums. Bericht des Club of Rome zur Lage der Menschheit. Übers. von Hans-Dieter Heck. Stuttgart 1972.

Meyer, Kirsten: Was schulden wir künftigen Generationen? Herausforderung Zukunftsethik. Stuttgart 2019.

Meyer-Abich, Klaus Michael: Wege zum Frieden mit der Natur. Praktische Naturphilosophie für die Umweltpolitik. München/Wien 1984.

Næss, Arne: Ecology of Wisdom. Hrsg. von Alan Drengson / Bill Devall. London 2016.

Nagel, Thomas: What Is it Like to Be a Bat? Wie ist es, eine Fledermaus zu sein? Übers. und hrsg. von Ulrich Diehl. Stuttgart 2018.

Nolt, John: How Harmful Are the Average American's Greenhouse Gas Emissions? In: Ethics, Policy & Environment 14 (2011) S. 3–10.
Ott, Konrad: Umweltethik zur Einführung. Hamburg 2010.
Passmore, John A.: Man's Responsibility for Nature. Ecological Problems and Western Traditions. London 1974.
Patzig, Günther: Ökologische Ethik – innerhalb der Grenzen bloßer Vernunft. Vortragsreihe der Niedersächsischen Landesregierung zur Förderung der wissenschaftlichen Forschung in Niedersachsen. H. 64. Göttingen 1983.
Plutarch: Darf man Tiere essen? Gedanken aus der Antike. Übers. von Marion Giebel. Stuttgart 2015.
Rolston, Holmes: Environmental Ethics. Duties to and Values in the Natural World. Philadelphia 1988.
Routley, Richard: Is There a Need for a New, an Environmental Ethic? In: Proceedings of the 15th World Congress of Philosophy 1 (1973) S. 205–210.
Schäfer, Lothar: Das Bacon-Projekt. Von der Erkenntnis, Nutzung und Schonung der Natur. Frankfurt a. M. 1999.
Schmitz, Friederike: Tierethik. Münster [2]2017.
Singer, Peter: Animal Liberation. Die Befreiung der Tiere. Übers. von Claudia Schorcht. Erlangen 2015.
Sophokles: Antigone. Übers. von Wilhelm Kuchenmüller. Stuttgart 1998.
Stone, Christopher D.: Haben Bäume Rechte? Plädoyer für die Eigenrechte der Natur. Übers. von Hanfried Blume. Klein Jasedow 2013.
Taylor, Paul W.: Respect for Nature. A Theory of Environmental Ethics. Princeton 1986.
Uexküll, Jakob Johann von: Umwelt und Innenwelt der Tiere. Hrsg. von Florian Mildenberger / Bernd Herrmann. Berlin/Heidelberg 2014.
Williams, Bernard: Muß Sorge um die Umwelt vom Menschen ausgehen? Übers. von Tarja Prüß. In: Angelika Krebs (Hrsg.): Naturethik. Grundtexte der gegenwärtigen tier- und ökoethischen Diskussion. Berlin [8]2016. S. 296–306.

Wittwer, Héctor: Ethik. In: Eva Schürmann / Sebastian Spanknebel / H. W. (Hrsg.): Formen und Felder des Philosophierens. Konzepte, Methoden, Disziplinen. Freiburg/München 2017. S. 273–289.
Wolf, Ursula (Hrsg.): Texte zur Tierethik. Stuttgart 2018.
– Die Mensch-Tier-Beziehung und ihre Ethik. In: U. W. (Hrsg.): Texte zur Tierethik. Stuttgart 2018. S. 170–192.

Glossar

Anthropozentrismus: neben dem Physiozentrismus eine der beiden Grundströmungen der Umweltethik. Er behauptet entweder, dass nur der Mensch mit seinen Ansprüchen, Interessen und Bedürfnissen oder dass in der Regel nur der Mensch moralisch geachtet werden soll. Entsprechend der extremen Variante des Anthropozentrismus ist allein der Mensch moralisches Subjekt und moralisches Objekt. Entsprechend den gemäßigten Varianten des Anthropozentrismus ist allein der Mensch moralisches Subjekt und in der Regel das bevorzugt zu achtende moralische Objekt.

Biozentrismus, teleologischer: eine physiozentrische Position, die behauptet, dass alle Lebewesen aufgrund ihrer Existenz als Lebewesen, ihres Zweckstrebens und ihrer Eigenschaft, ein Wohl zu haben, moralische Objekte sind. Dabei ist es unerheblich, ob diese Lebewesen wissen, dass sie als Lebewesen existieren, ob sie bewusst nach Zwecken streben und ob sie ihr Wohl empfinden oder fühlen.

Ethik: ein Teilgebiet der Praktischen Philosophie. In ihr wird systematisch über Moral nachgedacht. Die Kernfrage der Ethik lautet: Wie soll ich handeln? Sie gliedert sich in die *Normative Ethik*, in der allgemeine Prinzipien und Regeln des angemessenen Handelns für alle moralischen Subjekte gesucht werden; in die *Metaethik*, in der über die Möglichkeit Normativer Ethik und darüber nachgedacht wird, ob es überhaupt allgemeine Prinzipien und Regeln des angemessenen Handelns geben kann; in die *Angewandte Ethik*, in der Prinzipien und Regeln des angemessenen Handelns für ganz bestimmte Bereiche menschlichen Handelns, zum Beispiel für den Bereich der Medizin oder des Sports, gesucht werden; in die *Deskriptive Ethik*, in der beschrieben wird, wie sich Menschen individuell und kollektiv verhalten und welchen Prinzipien und Regeln sie tatsächlich folgen.

Holismus: eine physiozentrische Position, die behauptet, dass alles der Natur (also sie insgesamt und jeder Teil von ihr) moralisches Objekt ist. Dabei ist es unerheblich, wie die Natur insgesamt und jeder Teil im Speziellen beschaffen ist. Somit ist der Holismus die radikalinklusive (also die alles einbeziehende) physiozentrische Position in der Umweltethik.

Klimaethik: ein Arbeitsgebiet innerhalb der Umweltethik. Für sie steht die Frage nach dem angemessenen Umgang des Menschen mit dem Klima, also der Gesamtheit meteorologischer Ereignisse und Phänomene in einem bestimmten Gebiet, im Zentrum.

Moral: die Gesamtheit von Wertvorstellungen, Normen, Verhaltensprinzipien und sittlichen Handlungsregeln, die Individuen und Kollektive haben. Es gibt unterschiedliche Moralen.

Moralische Gemeinschaft: die Menge aus moralischen Subjekten und moralischen Objekten. Je nach umweltethischer Grundströmung und Position ist die Menge eine andere. Entsprechend dem extremen Anthropozentrismus besteht die moralische Gemeinschaft zum Beispiel nur aus Menschen. Laut dem Holismus besteht die moralische Gemeinschaft aus der gesamten Natur und allen ihren Teilen.

Moralisches Objekt: jemand oder etwas, der oder das moralisch geachtet werden soll. Ein moralisches Objekt darf nicht wie eine Sache behandelt werden. Es darf nicht nach Belieben benutzt werden, um eigene Zwecke zu verfolgen. Aufgrund seiner Beschaffenheit und seiner Eigenschaften verdient ein moralisches Objekt moralischen Respekt. Nicht jedes moralische Objekt ist auch ein moralisches Subjekt.

Moralisches Subjekt: jemand, der moralisch achten kann. Ein moralisches Subjekt kann über Moral nachdenken, eigene und fremde Handlungen kritisieren, allgemeine Prinzipien und Regeln für das angemessene Handeln formulieren und sich nach diesen richten. Ein moralisches Subjekt ist auch ein moralisches Objekt. Der Mensch ist das einzige uns bekannte moralische Subjekt.

Natur: alles in der Welt, das nicht vom Menschen gemacht worden und aus sich selbst entstanden ist. Die Natur bildet somit das Gegenstück zur Kultur, ist aber nicht mit der Umwelt zu verwechseln. Die Umwelt des Menschen und die Umwelten anderer Lebewesen sind Teile der Natur.

Ökologie: ein Arbeitsgebiet innerhalb der Biologie. Sie untersucht Wechselbeziehungen und Wechselwirkungen zwischen einzelnen Organismen und Lebewesen und ihren Umwelten. Die Ökologie ist nicht die Umwelt, sondern das Arbeitsgebiet der Biologie mit Umwelten als zentralen Untersuchungsgegenständen.

Ökozentrismus: eine physiozentrische Position, die behauptet, dass Ökosysteme moralische Objekte sind. In der gemäßigten Variante behauptet der Ökozentrismus, dass auch Ökosysteme moralisch geachtet werden sollen. In der extremen Variante behauptet der Ökozentrismus, dass vor allem oder nur Ökosysteme moralisch geachtet werden sollen.

Pathozentrismus: eine physiozentrische Position, die behauptet, dass nur alle leidensfähigen und schmerzempfindsamen Wesen moralische Objekte sind. Dabei ist es unerheblich, ob diese Wesen wissen, was Leid und Schmerz ist. Allein entscheidend ist, dass sie leiden oder Schmerz empfinden können.

Physiozentrismus: neben dem Anthropozentrismus eine der beiden Grundströmungen der Umweltethik. Der Physiozentrismus behauptet, dass neben dem Menschen weitere Lebewesen, Ökosysteme oder die Natur als Ganzes moralisch zu achten sind. Er gliedert sich in mehrere Positionen: den Pathozentrismus, den (teleologischen) Biozentrismus, den Ökozentrismus und den Holismus. Entsprechend dem Physiozentrismus ist zwar nur der Mensch ein moralisches Subjekt, doch existieren neben ihm verschiedenartige andere moralische Objekte.

Tierethik: ein Arbeitsgebiet innerhalb der Umweltethik. Zentral ist für sie die Frage nach dem angemessenen Umgang des Menschen mit Tieren. In der Tierethik beschäftigt man sich damit, welche Tiere moralisch geachtet werden sollen und welche Handlungen mit Folgen für Tiere ethisch gerechtfertigt werden können.

Umwelt: jener Teil der Natur und natürlichen Umgebung eines Lebewesens, der für es existenziell relevant und an den es angepasst ist. Unterschiedliche Lebewesen haben unterschiedliche Umwelten.

Umweltethik: eine Bereichsethik oder spezielle Ethik, auch bekannt als Naturethik, Ökologie-Ethik, Ökoethik oder Ökologische Ethik. In der Umweltethik wird versucht, allgemeine Prinzipien und Regeln für den angemessenen Umgang des Menschen mit der außermenschlichen Natur zu finden.

Umweltpädagogik: ein Arbeitsgebiet innerhalb der Erziehungswissenschaft. In der Umweltpädagogik wird versucht, geeignete Mittel und Methoden zu finden, um moralische Subjekte an den bewussten Umgang mit ihrer Umwelt und der Natur insgesamt heranzuführen.

Umweltrecht: zum einen die Gesamtheit der Gesetze und Vorschriften, die den rechtskonformen Umgang mit der außermenschlichen Natur bestimmen; zum anderen jene rechtswissenschaftliche Disziplin, die sich mit diesen Gesetzen und Vorschriften beschäftigt.

Umweltschutz: jene Praxis, die – je nachdem, wie man ihren Zweck bestimmt – entweder die Umwelt des Menschen, die Umwelten weiterer Lebewesen oder die Natur insgesamt zu schützen und zu erhalten sucht.

Danksagung

Für die Anregung, dem Reclam Verlag die Veröffentlichung einer Einführung in die Umweltethik vorzuschlagen, und für Empfehlungen zur Verbesserung des Manuskripts danke ich Héctor Wittwer. Den Studierenden meiner Seminare zur Umweltethik und den Teilnehmerinnen und Teilnehmern des Kolloquiums des Lehrstuhls für Praktische Philosophie an der Otto-von-Guericke-Universität Magdeburg danke ich für Diskussionen und Hinweise, für Zu- und Einsprüche während der vergangenen Jahre. Dank gilt auch meinen Kolleginnen und Kollegen am Bereich Philosophie der Magdeburger Universität. Hannes Fricke-Sonnenschein und weiteren Mitarbeiterinnen und Mitarbeitern des Verlages Reclam danke ich für das Interesse und die Möglichkeit, das vorliegende Buch zu veröffentlichen. Außergewöhnlicher Dank gilt, und zwar nachhaltig, Heike Winter.

Zum Autor

Dr. Christoph Sebastian Widdau (*1983), Lehrkraft für besondere Aufgaben am Bereich Philosophie der Otto-von-Guericke-Universität Magdeburg. Schwerpunkte: Normative Ethik, Angewandte Ethik, Politische Philosophie und Didaktik der Ethik.